Barbara Berckhan
Ach was?

Barbara Berckhan

Ach was?

Witzige Strategien
gegen Seitenhiebe und
andere Bissigkeiten

Kösel

Der Kösel-Verlag weist ausdrücklich darauf hin, dass im Text enthaltene externe Links vom Verlag nur bis zum Zeitpunkt der Buchveröffentlichung eingesehen werden konnten. Auf spätere Veränderungen hat der Verlag keinerlei Einfluss. Eine Haftung des Verlags für externe Links ist stets ausgeschlossen.

Die Tipps und Strategien in diesem Buch wurden sehr sorgfältig ausgewählt und geprüft. Sie sind allerdings kein Ersatz für eine medizinische oder psychotherapeutische Behandlung. Jede Leserin und jeder Leser ist selbst verantwortlich für das eigene Handeln. Für eventuelle Nachteile oder Schäden, die aus den Hinweisen in diesem Buch entstehen, können weder die Autorin noch der Verlag haftbar gemacht werden.

Verlagsgruppe Random House FSC® N001967

Copyright © 2017 Kösel-Verlag, München,
in der Verlagsgruppe Random House GmbH,
Neumarkter Str. 28, 81673 München
Umschlag: Weiss Werkstatt, München
Vignetten: Wolfgang Pfau, Baldham
Lektorat: Ralf Lay
Druck und Bindung: CPI books GmbH, Leck
Satz: Greiner & Reichel, Köln
Printed in Germany
ISBN 978-3-466-34665-3
www.koesel.de

 Dieses Buch ist auch als E-Book erhältlich.

Inhalt

Vorwort 9

Die Techniken des Durchwinkens 13
Zweisilbige Antworten 15
Strategie: Ruhe bewahren 17
Strategie: Kontra geben mit zwei Silben 26
Themenwechsel – Die ausgeruhte Art,
Paroli zu bieten 28
Strategie: Das Thema wechseln –
»Dabei fällt mir was ganz anderes ein« 36
Wenn die Fragen unangenehm werden – Nebeln Sie! 40
Strategie: Nebulöse Antworten 41
Mühelos durchgewinkt –
Mit dem unschlagbaren Abwehrtrio 42
Weisheit ist zu wissen, wo es hingehört 43
Übung: Do it yourself – Selbst machen
und mehr lachen 44
Freundlich bleiben: Respekt ist das neue Cool 49

Misch dich nicht ein! 51
Eine gute Abgrenzung verhindert Redeunfälle 53
Strategie: Die schnelle Abgrenzung 59
Wie Sie Ihr Hoheitsgebiet verteidigen –
Auf die sanfte Tour 60
Strategie: Der diplomatische Dreisatz 62
Die ungewöhnliche Kampftechnik:
Den Einmischer anfeuern 66
Strategie: Sag mir alles und noch mehr 68
Einmischungen sind nur Botschaften,
die Sie nicht annehmen müssen 70
Wenn sich die Hoheitsgebiete überschneiden 70
Strategie: Störendes ansprechen, ohne zu verletzen 75
Wo eine Abgrenzung falsch wäre 82
Übung: Testen Sie sich selbst –
Wie gut können Sie Grenzen ziehen? 83
Freundlich bleiben: Versteckte Häschen 87

Die stummen Zeichen der Missachtung 91
Bei dir piept's wohl! 93
Strategie: Die Körpersprache hinterfragen 98
Strategie: Die fünf wichtigsten Tipps,
mit denen Sie Ihre Vortragsweise verbessern 103
Wer lässt sich durch wilde Gesten
aus dem Konzept bringen? 104
Positives Umdeuten: Deine interessante
Geste motiviert mich 108
Strategie: Abwertende Gesten positiv umdeuten 110
Ein Zwinkersmiley 111
Strategie: Das wortlose »Ach was?« 112
Bleib unberechenbar und erlaub dir ein Schmunzeln 114

Strategie: Das Bellen des Bandwurms	115
Da passt es und da nicht	116
Übung: Das Workout für Ihre Körpersprache	117
Freundlich bleiben: Macht nix	119

Das Bissige kommt auf leisen Sohlen — 123

Die Masken der Bissigkeit	125
Da fällt kein böses Wort	126
Strategie: Sag mir, wie du das gemeint hast	134
Der Sternennebel im Gerümpel	136
Strategie: Ja, dazu stehe ich	139
»Wie kann man nur …?« oder: Die Empörung aus der Konserve	141
»Was macht eine Blondine, wenn der Computer brennt?«	143
Strategie: Die Allesschneider	151
Sprachlos sein und weiteratmen	153
Übung: Trainieren Sie die Vielfalt – Kontra geben zum Ausprobieren	154
Freundlich bleiben: Endlich kapiert	158

Nachwort — 161

Anhang — 163

Der Rettungsring in Ihrer Tasche	163
Alle Kontra-Strategien übersichtlich zusammengefasst	165
Empfehlenswerte Literatur	185

Vorwort

Entspannen Sie sich –
das ist keine mündliche Prüfung

Da verschlägt es uns die Sprache: Aus heiterem Himmel werden wir gedisst. Uns wird ein blöder Spruch an den Kopf geworfen. Oder wir werden hinterrücks mit Worten attackiert. Ja, Menschen produzieren Redeunfälle.

Wenn wir mit Worten angegriffen werden, fängt unser Gehirn automatisch an, unsere Wahrnehmung einzuengen. Wir fixieren uns auf denjenigen, der gerade unhöflich war. Sehr oft gehen wir dann in den Leistungsmodus. Und damit verwickeln wir uns in das Angriffsmuster. Jetzt sind wir gefangen. Wir wollen es dem anderen heimzahlen und suchen nach einer passenden Gegenantwort. Dabei setzen wir uns unter Druck. Wir glauben, unbedingt Kontra geben zu müssen, weil wir aus der Unterlegenheit rauswollen. Und wenn uns keine Antwort einfällt, ärgern wir uns. Dann ist es fast so, als wären wir bei einer mündlichen Prüfung durchgefallen. Aber für den Angreifer ist unsere Anspannung ein Zeichen für seinen Erfolg. Wenn wir angestochen reagieren, weiß der andere: Das war ein Treffer.

Egal, wie wir jetzt antworten, das Angriffsmuster ist bereits wirksam.

Alle Strategien in diesem Buch durchkreuzen dieses Muster. Sie erfahren hier, wie Sie ohne Druck auf seltsame Bemerkungen antworten können. Dabei geben Sie nicht Ihr Bestes, während andere Leute gerade ihr Schlechtestes abliefern. Stattdessen reagieren Sie energiesparend und gelassen. Sie geben sich selbst einen Grund zum Schmunzeln. Damit zeigen Sie Ihrem Angreifer, dass sein Muster bei Ihnen nicht funktioniert. Die verbale Attacke läuft bei Ihnen ins Leere.

Ich leite seit über 25 Jahren Workshops und Trainings zum Themenbereich Kommunikation. Die Strategien und Tipps, die ich Ihnen hier präsentiere, sind erprobt und funktionieren im Alltag. Die besten Strategien entstanden durch die Anregungen meiner Teilnehmer und Teilnehmerinnen. Und es waren auch diese Menschen, die mir gezeigt haben, wie wichtig es ist, den eigenen Humor zu trainieren.

Dosieren Sie Ihre Kontra-Antwort:
Wenige Silben oder viele Worte

Die Kontra-Strategien in diesem Buch beginnen einfach, mit nur wenigen Silben. Diese simplen Strategien können Sie sehr schnell lernen und sofort anwenden. Weiter hinten im Buch finden Sie wortreichere Kontra-Strategien. Außerdem gibt es dort auch Antworten, bei denen Sie ein wenig Zeit zum Überlegen brauchen. Nachdem Sie dieses Buch gelesen haben, wird Ihnen auffallen, dass alle Strategien eines gemeinsam haben: Sie können sie universell einsetzen und damit auf fast jede Attacke antworten. Dadurch sind Sie im Alltag flexibel. Sie können unterschiedlich Kontra geben, je nachdem, in welcher Situation Sie sich befinden und wer Ihr Gesprächspartner ist.

Es steht Ihnen auch frei, die Kontra-Antworten so umzuformen, dass Sie zu Ihnen und Ihren Mitmenschen passen. Wenn Sie den Geist der jeweiligen Strategie erfasst haben, finden Sie Ihre eigenen Worte.

Ungeeignet sind diese Strategien im Umgang mit Menschen, die sich in außergewöhnlichen Zuständen befinden. Ich denke dabei vor allem an solche, die traumatisiert sind, die eine psychische Krise durchmachen oder die in einer Drogenproblematik feststecken. Diese Menschen brauchen eine Art von Kommunikation, die eher in eine therapeutische Richtung geht.

Aber im Alltag, mitten unter Ihren Leuten, wo Sie von der kleinen Bissigkeit am Rande getroffen werden – genau dort können Ihnen diese Strategien das Leben erleichtern.

Dabei wünsche ich Ihnen viel Spaß!

Ihre Lizenz zum »Ach was?«

- Sie können jedes Angriffsmuster aushebeln, indem Sie unerwartet reagieren.
- Die Worte »Ach was?« bedeuten: »Kein Treffer.«
- Wenn Ihnen jemand verbalen Murks anbietet, wechseln Sie das Thema.
- Provozierende Fragen beantworten Sie nebulös – ohne sich bedrängen zu lassen.

Die Techniken des Durchwinkens

Zweisilbige Antworten

Ja, manchmal rasseln wir verbal aneinander. Aber nicht immer steckt etwas Böses dahinter. Einige unserer Mitmenschen reden einfach so, wie ihnen der Schnabel gewachsen ist. Bei anderen haben stressige Gefühle das Ruder übernommen. Was dabei herauskommt, ist manchmal ein unachtsamer Murks. Und dieser Murks kann verletzend sein.

Aber es gibt auch Redeunfälle, die absichtlich in die Welt gesetzt werden. Da wird man – scheinbar ganz nebenbei – verbal angerempelt. Ein kleiner Hieb, eine harmlose Stichelei. Nein, das geschah nicht aus Versehen, sondern da ist jemand methodisch vorgegangen. Hier soll eine bestimmte Wirkung erzielt werden.

Ob ein verbaler Hieb oder eine Stichelei bei Ihnen die volle Wirkung erzielt, hängt davon ab, wie Sie die Bemerkung in Empfang nehmen. In einer ruhigen, überlegten Haltung sind Sie innerlich stärker und weniger verwundbar. Deshalb wirkt die erste Strategie, die ich Ihnen empfehle, nur bei Ihnen. Sie bringen sich damit in einen gesammelt-besonnenen Ausgangszustand. Sie lassen das, was Ihnen Ihr Gegenüber sagt, zunächst unberührt stehen. So verhindern

Sie, dass Sie womöglich automatisch hilflos reagieren oder wütend zurückschießen. Sie nehmen sich einen Augenblick lang Zeit, um sich innerlich zu zentrieren, damit Sie gezielter Kontra geben können.

**Strategie:
Ruhe bewahren**

- Sie hören eine unfreundliche, herabsetzende Bemerkung. Sie spüren, dass Sie sich davon getroffen fühlen. Langsam steigt Ihr innerer Stresspegel. Stoppen Sie sich. Atmen Sie tief durch.
- Spüren Sie die Energie, die von Ihrem Gegenüber ausgeht? Treten Sie innerlich einen Schritt zurück. Erlauben Sie sich, nur zu fühlen.
- Sie müssen nicht sofort dagegenschießen. Lassen Sie den anderen ausreden.
- Lassen Sie zu, dass es still wird. Atmen Sie noch einmal tief durch. Und jetzt überlegen Sie, worum es hier geht. Was will Ihr Gegenüber Ihnen sagen? Und wie können Sie mühelos und undramatisch darauf antworten?

Nachdem Sie diese Strategie ein paar Mal geübt haben, können Sie sie blitzschnell durchführen. Immer wenn Sie feststellen, dass Sie sich durch eine Bemerkung getroffen fühlen, halten Sie kurz inne. Damit stellen Sie einen guten Abstand zu dem her, was gerade passiert ist. Und aus diesem Abstand heraus können Sie ein Angriffsmuster durchschauen und clever darauf reagieren.

Und jetzt lassen Sie uns so einen absichtlichen Redeunfall einmal genauer unter die Lupe nehmen.

Wie man den Tag in den Eimer kriegt

Auf dem Weg zu seiner Arbeit hatte Heiko eine Fahrgemeinschaft. Sein Kollege Michael wohnte ein paar Häuser weiter, und so fuhren sie zu zweit in einem Auto zur Firma. Dabei wechselten sie sich regelmäßig ab. Heiko fühlte sich in der Fahrgemeinschaft nicht wohl, denn Michael war ein echter Sprüchekasper. Der schien Spaß daran zu haben, Heiko während der Autofahrt zu attackieren. Das Ganze war eigentlich harmlos. Von Michael kamen nur ein paar Sticheleien, schräge Sprüche, vage Andeutungen. Aber für Heiko war das kein Spaß.

Provokation – die Einladung zum Kräftemessen: Mal sehen, wer von uns der Stärkere ist.

Seit einiger Zeit ernährte sich Heiko vegetarisch, und das nahm Michael zum Anlass, ihn zu provozieren: »Du frisst den Tieren das Futter weg. Das ist genauso schlimm, wie die Viecher selbst zu essen.« – »Ein Mann, der kein anständiges Steak isst, der ist ein Weichei.« – »Und wenn bei dir gegrillt wird, gibt es nur Doof-du vom Rost. Das ist voll peinlich!«

Jedes Mal versuchte Heiko, sich nicht aufzuregen. Meistens knurrte er etwas wie »Hör doch auf«, »Selbst Weichei« oder »Geh doch zu Fuß«. So richtig zufrieden war er mit seinen Antworten jedoch nicht. Für ihn war der Tag im Eimer. An seinem Arbeitsplatz hatte er nur noch schlechte

Laune. Von mir wollte Heiko wissen, wie er »dem blöden Michael das Maul stopfen kann« (O-Ton Heiko).

Der will nur spielen

Nein, das Maul zu stopfen ist keine Strategie, die ich im Angebot habe. Ich weiß etwas Besseres. Das ganze Hin und Her zwischen Heiko und seinem Kollegen Michael sah für mich nach einem eingespielten Muster aus: einem Rauf-und-Rangel-Muster.

Und das funktioniert so: Michael vertreibt sich die Zeit, indem er mit seinem Kollegen Heiko »spielt«. Ja, tatsächlich. »Der will nur spielen.« Der will so spielen, wie kleine Jungs oder Welpen miteinander raufen. Die balgen sich. Die rangeln. Dabei messen sie ihre Kräfte und finden heraus, wer der Stärkere ist. Das passiert spielerisch. Das war das Muster: Komm, lass uns ein bisschen raufen.

Michael hat diese verbale Rauferei absichtlich gestartet, indem er auf etwas zielte, was er bei Heiko als Schwäche ansah: beispielsweise die vegetarische Ernährung. Und darauf hat er herumgehackt. Er ließ seine Provokationen vom Stapel und boxte damit – nur mit Worten – Heiko an die Schulter. Eigentlich sollte Heiko das als Einladung zum Raufen verstehen. *Mach mit und wehr dich!*

Die Rangelei mit Worten – damit wird das Ego aufgebaut

Aber Heiko hat die Sprüche viel zu ernst genommen. Statt mitzuspielen, hat er sich nur geärgert. Und das war für seinen Kollegen Michael ein Signal dafür, dass er der Stärkere ist. Ja, und damit hat er sein Ego aufgebaut. Genau das war seine Belohnung, und deshalb wiederholte er das Muster immer wieder.

> **Das Muster, mit dem der Angreifer sein Ego aufbaut: Wenn ich dich provozieren kann, bin ich der Sieger, und du bist der Verlierer.**

So wie Michael morgens seinen Kaffee trank, um wach zu werden, so holte er sich seinen Ego-Aufbau, indem er Heiko beim verbalen Rangeln besiegte. Das machte ihm Spaß und gab ihm ein Gefühl von Überlegenheit. Aber dieses Muster lässt sich leicht aushebeln.

Heiko hatte überhaupt nicht verstanden, warum sein Kollege ihn dermaßen piesackte. Deshalb hegte er bereits böse Vermutungen. Die gingen in die Richtung, dass sein Kollege eine Form Psychoterror und Mobbing an ihm verübte. Aber diese dunklen Vermutungen stellte Heiko nur deshalb an, weil er sich so ausgeliefert fühlte. Je hilfloser wir sind, desto mehr Boshaftigkeit unterstellen wir der anderen Seite. Doch das ändert sich, wenn wir unsere Stärke wiederfinden und das Muster beenden. Ich zeigte Heiko, wie er ganz bequem aus dem Gefühl des Ausgeliefertseins herauskommen würde.

Ist das wichtig oder doch nur Blabla?

Ehe wir solche verbalen Unfreundlichkeiten beantworten, ist es sinnvoll, genauer hinzuhören und das zu tun, was ich einen »Qualitätscheck« nenne. Bevor wir auf die Sprüche antworten, überprüfen wir, ob da irgendeine nützliche Botschaft für uns drin ist. Denn manche Menschen können sich nicht immer sachlich und präzise ausdrücken. Da werden schon mal wichtige Mitteilungen verzerrt oder emotionsgeladen ausgespuckt. Das wirkt dann wie eine Provokation, ist aber bloß eine schlecht verpackte Information. Deshalb wird es sinnvoll sein, nicht jede rüde Ansprache gleich als reine Sprücheklopferei abzutun. Vielleicht steckt ja etwas Wichtiges dahinter.

> **Bevor Sie Kontra geben:
> Überprüfen Sie,
> ob in der Provokation
> irgendein Nährwert für Sie liegt.**

Es ist mir noch nie passiert, aber falls mich jemals ein Teilnehmer meiner Seminare mit den Worten anblubbern sollte: »Haben Sie überhaupt einen Schulabschluss? Wo haben Sie denn lesen und schreiben gelernt?«, würde ich nicht gleich zurückschießen. Vielleicht versucht der Betreffende, mich auf Rechtschreibfehler in den Seminarunterlagen hinzuweisen. Nicht alle Menschen sind in der Lage, ihre Kritik sachlich auszudrücken.

Wenn Sie den Verdacht haben, Ihr Gegenüber will Ihnen etwas Wichtiges sagen, hat sich aber nur im Ton vergriffen, fragen Sie nach. Durch genaueres Nachfragen können Sie die wichtigen Informationen an die Oberfläche bringen. (Eine hilfreiche Fragetechnik finden Sie später in diesem Buch.)

Aber wenn das Ganze für Sie keinen Nährwert hat, sondern nur provokantes Blabla ist, können Sie eine mühelose Kontra-Antwort geben.

Wer das Muster durchschaut, kann sich davon befreien

Für Heiko war es wichtig zu erkennen, wie er sich immer wieder in das gleiche Rauf-und-Rangel-Muster verwickelt hat. Als er das erkannt hatte, veränderte sich seine Sichtweise. Bisher sah er in seinem Kollegen Michael nur einen Sprücheklopfer. Aber jetzt konnte er in ihm auch einen kleinen Jungen erkennen. Einen kleinen Jungen, der den anderen Kindern in der Sandkiste seine Plastikschaufel auf den Kopf haut, damit sie sich mit ihm beschäftigen.

> **Die feixende Provokation: eine Einladung zum gemeinsamen Raufen und Rangeln.**

Indem wir solche Muster durchschauen, ändert sich für uns das ganze Bild. Wir sehen jetzt klar: Diese Worte sollen eine bestimmte Wirkung haben. Und wir selbst entscheiden darüber, ob das Gesagte wirklich diese Wirkung bei uns hat. Jetzt, da wir das Ganze klar erkennen, ist es einfacher, da rauszukommen. Wir können das alte Muster aushebeln.

Das Erste, was sich bei Heiko änderte, waren seine Gefühle. Er hörte auf, sich über seinen Kollegen zu ärgern. Er merkte, wie kindisch diese Rauf-und-Rangel-Angebote seines Kollegen waren. Aber er hatte auch keine Lust, das Muster zu bedienen und mitzumachen.

Wenn Heiko im Auto saß, wollte er seine Ruhe haben und nicht attackiert werden. Leider haben seine bisherigen Versuche, das Ganze zu beenden, nicht funktioniert. Auch wenn er etwas wie »Hör doch auf!« oder »Das finde ich nicht witzig« sagte – sein Kollege hat immer weitergemacht. Um wirklich aus der Nummer herauszukommen, brauchte Heiko eine Reaktion, mit der er das Muster nicht mehr bediente. Eine Reaktion, mit der er seinem Kollegen zeigt: *Das funktioniert bei mir nicht mehr.*

Erlauben Sie sich mehr Schonkost. Auf seltsame Bemerkungen antworten Sie nichtssagend.

Sie können nicht verhindern, dass Ihnen jemand so ein Rauf-und-rangel-Muster anbietet. Aber Sie können dafür sorgen, dass das Muster bei Ihnen nicht greift.

Hebeln Sie es aus, indem Sie nicht so reagieren wie erwartet. Sie schießen nicht verbal zurück, denn das bedeutet, dass Sie getroffen wurden und jetzt beim Rangeln mitmachen. Damit würden Sie das Muster bestätigen. Und Sie reagieren auch nicht geschockt, verlegen und innerlich angestochen. Damit hätte der andere nur seine Dominanz unter Beweis gestellt. Der Betreffende hat Sie runtergedrückt. Stattdessen zeigen Sie Ihrem Sprücheklopfer: Das interessiert mich nicht. Das ist mir egal.

Auf der luftigen Seite gibt es kein Halten

Mit so einer Ist-mir-egal-Einstellung finden die Provokationen bei uns keinen Halt mehr. Es gibt keinen Treffer. Und ohne einen Treffer bricht das Muster in sich zusammen. Es ist so, als würde man einen Nagel einschlagen – in der Luft. Wo nur Luft ist, da kann selbst der spitzeste Nagel keinen Halt finden.

> Ziehen Sie den Stecker heraus:
> Worte, die nur abfällig sind,
> können bei Ihnen nicht mehr
> landen.

Ich habe solche luftige Kontra-Antworten entwickelt. Und seit vielen Jahren haben sich damit schon unzählige Menschen aus alten Mustern befreit. Diese luftigen Kontra-Antworten bestehen aus purer Mühelosigkeit. Es sind Antworten, die in keiner Weise die Provokationen bedienen, die nicht auf das Gesagte eingehen. Es sind Antworten, die aus nichts bestehen.

Diese nichtssagenden Antworten habe ich »den zweisilbigen Kommentar« genannt. Der Klassiker lautet: »Ach was?« Jeder kann damit im Alltag problemlos auf seltsame Bemerkungen antworten.

Aber das Beste an diesem zweisilbigen Kommentar ist die leise Heiterkeit, die diese Strategie auslöst. Wer mit einem »Ach was?« antwortet, tut das schwerelos, mit einem verschmitzten inneren Lächeln. Diese Strategie bringt denjenigen, der sie anwendet, in einen guten Zustand. Und das ist einer der wichtigsten Vorteile aller Kontra-Strategien, die ich in diesem Buch präsentiere. Es ist nicht unbedingt der Gesprächspartner oder der Angreifer, der davon profitiert. Nein, wenn wir diese Strategien benutzen, haben wir selbst am meisten davon. Statt sich runterziehen zu lassen, geht es mit diesen Antworten für uns nach oben, auf ein höheres Niveau. Oder wie ich es formuliere: *Raus aus der Gülle, rein in die Hochkultur.* Unter »Hochkultur« verstehe ich den wohltuenden Umgang mit sich selbst und dem Rest der Welt.

Die ersten zweisilbigen Kommentare haben bereits eine gewisse Tradition. Und mir persönlich sind sie immer noch die liebsten, gerade weil sie so traditionell sind. Diese zwei Silben kommen aus dem üblichen Sprachgebrauch. Sie kennen sie. Aber die Menschen, mit denen ich das trainiert habe, haben zusätzlich neue Variationen hinzugefügt. Auch diese Variationen zeige ich Ihnen gern.

Strategie:
Kontra geben mit zwei Silben

Fangen wir mit einer provokanten Bemerkung an. Stellen Sie sich vor, Sie treffen im Büro oder auf der Straße einen Bekannten, der Sie mit folgenden Worten begrüßt:

»Hey, du siehst heute so richtig billig aus. Aber das steht dir.«

Jetzt antworten Sie mit nur zwei Silben. Danach sagen Sie nichts mehr. Nur zwei Silben, und dann ist Schluss.

Die traditionellen zweisilbigen Kommentare:
- Ach was?
- Aha.
- Nanu?
- So, so.
- Oje.
- Potzblitz!

Hier die Zwei-Silben-Variante für Youngster und Trendsetter:
- Okidoki
- Al-ter!
- Voll stark
- Oh, Mann!
- Boah-ey!
- Menno
- Ooooo-kay
- Sieh an
- Och nö!
- Voll krass
- To-tal
- Na und?
- Ach nee?
- Sach bloß

Und für alle, die noch weniger sagen wollen, kommen hier die einsilbigen Antworten:
- Ach!
- Ups!
- Tja!
- Uff!
- Puh!

Falls Sie doch mehr sagen möchten, hier einige mehrsilbige Antworten:

- Alles kann, nichts muss.
- Wie dem auch sei.
- Na, so was!
- Gibt's ja gar nicht!
- Alles ist gut.

Diese Strategie ist so einfach, dass sie leider oft unterschätzt wird. Dabei hat sie vier Vorteile, die Ihnen helfen, aus der Unterlegenheit herauszukommen:

1. Zwei Silben fallen Ihnen immer ein. Sie geben Kontra. Für alle, die bisher immer sprachlos waren, ist es wichtig, verbal zu reagieren.
2. Gleichzeitig winken Sie die Bemerkung durch wie einen Zug, der ohne Halt weiterfährt. Sie gehen nicht direkt auf das ein, was gesagt wurde. Sie sorgen dafür, dass die Sache nicht schlimmer, sondern leichter wird.
3. Mit Ihrem ein-, zwei- oder mehrsilbigen Kommentar halten Sie die Beziehungsebene sauber. Sie verletzen den anderen nicht. Damit lassen Sie alle Türen offen. Sie bleiben ansprechbar, wenn es um etwas Vernünftiges geht.

Nach einem »Ach was?« können Sie sofort zum Thema kommen – falls es ein gemeinsames Thema gibt. Wenn nicht, gestalten Sie die Situation so, wie Sie wollen. Sie sind am Drücker. Nach Ihrem kurzen Kommentar können Sie sich auch von Ihrem Gesprächspartner verabschieden und sich einen schönen Tag machen.

....

Themenwechsel –
Die ausgeruhte Art, Paroli zu bieten

Stille aushalten oder das Ruder herumreißen – das entscheiden Sie

»Was sage ich nach einem ›Ach was?‹?« Diese Frage wird mir häufig gestellt. Die Strategie der ein-, zwei- oder mehrsilbigen Kommentare ist kurz. Damit verbrauchen Sie nicht viel Atemluft. Was machen Sie jetzt mit der restlichen Luft in Ihren Lungen? Ausatmen und sich im Schweigen üben. Die Stille aushalten.

Oder Sie nutzen die Gunst der Stunde und üben noch eine weitere Strategie. Wie wäre es, wenn Sie jetzt mal bestimmten, worüber geredet wird? Eben haben Sie das Muster ausgehebelt, und jetzt übernehmen Sie das Ruder. Das wäre mein Tipp: Schneiden Sie ein neues Thema an, und sprechen Sie über etwas Erfreuliches. Oder über etwas, was Sie schon immer mal jemandem erzählen wollten. Der Themenwechsel ist eine weitere Kontra-Strategie, zu der ich gleich komme. Aber zuvor lassen Sie uns noch einen Blick auf Heiko werfen.

Dumme Bemerkungen einfach nur durchzuwinken – das kann jeder in nur drei Minuten lernen. Und auch für Heiko war diese Strategie eine riesige Erleichterung. Wir haben das in dem Trainingsseminar geübt, und bei Heiko hat es sofort geklappt. Alle Sprüche, die ihn bisher geärgert hatten, konnte er mit zwei, drei kurzen Kommentaren einfach abschmettern – ohne sich aufzuregen. Dabei hat Heiko die Übung sichtlich genossen:

Bemerkung: »Du frisst den Tieren das Futter weg.«
Heiko: »A...ha!«
Bemerkung: »Das ist genauso schlimm, wie die Viecher selbst zu essen.«
Heiko: »Sach bloß!«
Bemerkung: »Ein Mann, der kein Steak essen will, ist ein Weichei.«
Heiko: »Oje!«
Bemerkung: »Und wenn bei dir gegrillt wird, gibt es nur Doof-du vom Rost. Das ist voll peinlich!«
Heiko: »Ach was?«
Bemerkung: »Kannst du mal was anderes sagen als nur ›Ach was?‹? Von all dem Gemüse hast du dir wohl eine weiche Birne angefressen!«
Heiko: »Äh ... nö!«

Der Übungspartner war mit seinem Latein am Ende. Währenddessen saß Heiko seelenruhig da und fragte: »War das schon alles?«

Heiko wirkte so, als könne er ewig dort sitzen und alle dummen Sprüche mit ein paar Silben durchwinken.

Als ich Heiko darauf ansprach und ihm sagte, theoretisch könne er jetzt auch das Thema wechseln, antwortete er entspannt: »Aha?« Da merkte ich, dass er diese Strategie bereits tief verinnerlicht hatte. Aber noch interessanter war seine energetische Verwandlung. Anfangs wirkte Heiko verärgert und empört. Jetzt strahlte aus ihm die unerschütterliche Ruhe des »Ach was?«.

**Wer immer brav ist,
verliert zu oft**

Diejenigen von uns, die unter den verbalen Attacken ihrer Mitmenschen leiden, haben oft eins gemeinsam: Sie sind zu brav. Sie sind viel zu gehorsam, vor allem dem Angreifer gegenüber. Der Aggressor bietet eine Unsachlichkeit oder eine Unfreundlichkeit an – und was machen die Braven, die Gehorsamen? Sie gehen darauf ein. Zumindest versuchen sie es.

Der Angreifer sagt etwas Unfreundliches, etwa: »Wenn du dir an den Kopf fasst, dann greifst du ins Leere.« Und jetzt bemüht sich der Brave, mit einer Retourkutsche darauf zu antworten. Die Antwort geht thematisch in die gleiche Richtung, zum Beispiel so: »Du bist auch nicht gerade eine Leuchte.« Oder: »Und deine Intelligenz ist ziemlich schwach.« Immer wird dabei auf das eingegangen, was der Angreifer gesagt hat – das nenne ich »artig sein«. Das Ganze ist ein zweifacher Gehorsam:

1. Der blöde Spruch wird in Empfang genommen. Sehr brav.
2. Das Thema »Was man im Kopf hat / wenig Intelligenz« wird aufgegriffen. Immer schön beim Thema bleiben – das ist auch sehr brav.

**Der unartige Sport: Beim
Nervlabern dazwischen-
grätschen.**

Anders ausgedrückt: Der Angreifer bestimmt den Grad der Unsachlichkeit, und er bestimmt das Thema. Das gehorsame, brave Opfer bleibt beim Thema des Angreifers, verwickelt sich in das Muster. Für den Angreifer ist das ein Zeichen dafür, dass er die Situation dominiert. Er bestimmt, was passiert. Das Opfer passt sich an, zappelt am Haken und wehrt sich – ganz wie erwartet. Aber das muss nicht so ablaufen!

**Strecken Sie sich nach oben,
statt sich runterziehen zu lassen**

Bei jeder Unfreundlichkeit, die Sie abbekommen, müssen Sie nicht brav das Muster bedienen. Sie können die ganze Situation umgestalten.

Ganz praktisch bedeutet dies: Wenn das, was Ihr Gesprächspartner sagt, Sie provozieren oder verletzen soll, dann brauchen Sie nicht darauf einzugehen. Sie müssen nicht brav sein und etwas dazu sagen. Sie können dem Angreifer einen Strich durch die Rechnung machen – indem Sie doppelt unartig und eigensinnig sind –:

1. Sie reagieren nicht empört. Sie zappeln nicht am Haken. Sie bleiben ruhig.
2. Sie gehen nicht auf das ein, was der Angreifer gesagt hat. Sie sprechen über das, was *Sie* wollen. Sie wechseln das Thema.

Lassen Sie uns praktisch werden. Stellen Sie sich vor, Ihr Gegenüber sagt zu Ihnen: »Wenn du dir an den Kopf fasst, dann greifst du ins Leere.« Statt darauf einzugehen, reagieren Sie unerwartet. Sie antworten beispielsweise so:

> »Da fällt mir was ganz anderes ein. Es gibt ja immer mehr Deodorants ohne Aluminium. Aber ich frage mich: Sind die genauso gut wie die Deos mit Aluminium? Die müsste man mal miteinander vergleichen. Hast du das schon mal gemacht? Deos mit und ohne Aluminium getestet? Also, ich habe das noch nicht ausprobiert, aber ich könnte …«

Ja, das ist ein ganz anderes Thema. Und ja, das merkt der Angreifer. Und ja, das nervt ihn. Schließlich ist sein Affront gerade eben ins Leere gelaufen. Der hat sich so viel Mühe gegeben – ganz umsonst?

Ein durchschnittlicher Angreifer wird sich darüber beschweren: »Ey, du lenkst vom Thema ab!« Und wenn Sie so richtig unartig sind, antworten Sie jetzt:

> »Ja, stimmt! Und außerdem frage ich mich, ob man überhaupt noch ein Deospray benutzen sollte. Wegen der Umwelt und so. Ich habe nur noch diese Rolldinger. Also, am liebsten mag ich diese Deos, die so neutral riechen. Wie heißen die noch? Die sind in so einer blauen Verpackung.«

Ja, Sie bleiben bei Ihrem Thema. Und wenn der Angreifer Sie mit seinen seltsamen Bemerkungen weiterhin attackiert, bekommt er von Ihnen einen stundenlangen Vortrag zu hören – über Deos. Oder über ein anderes Thema, das Ihnen auch am Herzen liegt. Das Wetter, der Straßenverkehr, das Fernsehprogramm, die Benzinpreise, die aktuelle Schuhmode. Hauptsache, Sie beantworten nicht das, was der andere Ihnen vor die Füße wirft.

Das Thema wechseln – das liegt so nah. Warum auf das unfreundliche Blabla anderer Leute eingehen, wenn es auf der Welt so viele Themen gibt, die erbaulicher und sinnvoller sind?

Ich empfehle Ihnen, in ein harmloses, banales Thema zu wechseln. Aus einem ganz einfachen Grund: Dazu fällt Ihnen etwas ein. Je harmloser das Thema, desto freier können Sie darüber reden.

Sprechen Sie über das, was Sie immer schon mal sagen wollten. Und wenn es trivial ist? Prima! Bestrafen Sie den Angreifer, indem Sie ganz ausführlich über Banalitäten des Alltags reden. Oder erklären Sie ihm ein Kochrezept – in allen Einzelheiten. Sie geben damit Ihr Wissen weiter und vermeiden den Abstieg in die verbale Güllegrube.

**Jeder blöde Spruch
ist ein Grund, das Thema zu wechseln:
»Wo du das jetzt sagst,
fällt mir ganz was anderes ein …«**

Falls Sie aber Ihr intelligentes Image nicht ramponieren wollen, können Sie natürlich auch über die Finanzmärkte oder über die Probleme der Globalisierung sprechen. Im Job können Sie mit einem schönen Themenwechsel sogar Karrierepunkte sammeln. Wer Ihnen dort seltsame Bemerkungen anbietet, bekommt von Ihnen eine positive Selbstdarstellung serviert:

> »Ach, wo du das jetzt gerade sagst, fällt mir das Projekt ein, an dem ich arbeite. Da habe ich in den letzten Tagen enorme Fortschritte gemacht. Zuerst war es schwierig, die Umsatzzahlen zu erhöhen. Aber nach einem ganz neuen Ansatz im Marketing konnte ich die sozialen Medien mehr einbinden.«

So schlagen Sie zwei Fliegen mit einer Klappe. Sie wechseln das Thema, und gleichzeitig betreiben Sie eine spontane Imagepflege. Sie wirken durch und durch kompetent und fokussiert. Und Ihr Angreifer lernt schnell, dass er mit seinen unterirdischen Sprüchen nur Ihre Karriere fördert.

Falls Sie noch nicht so unartig sind, können Sie auch über Ihre Urlaubspläne oder über die Einstellung der Klimaanlage reden. Hauptsache, Sie dominieren die Situation. Ihr Thema ist länger zu hören als das des Aggressors.

Ich weiß, für manche Menschen ist der Themenwechsel anfangs ungewohnt und unartig. Wir haben gelernt, dass ein Gespräch daraus besteht, auf das einzugehen, was der Gesprächspartner sagt. Das sind gute Manieren, und die unterstütze ich auch. Aber was, wenn der andere selbst keine guten Manieren zeigt? Wenn er abwertend, fies oder verletzend ist?

Dann ist es Zeit, die guten Manieren neu zu definieren. Wie gesagt: Wenn Ihnen verbale Gülle angeboten wird, dann springen Sie dort nicht hinein. Sie wechseln das Thema – möglichst »nach oben«, also in eine erfreuliche Richtung. Damit ersparen Sie sich selbst und Ihren Mitmenschen ein niedriges, gehässiges Niveau. Sie verhindern einen anstrengenden Schlagabtausch mit körperlichen Verspannungen, seelischem Groll, schlechtem Nachtschlaf und einer zu hohen Ausschüttung von Stresshormonen.

Indem Sie das Thema wechseln, betreiben Sie aktiv Prävention gegen Stresserkrankungen. Und falls es ein Karma gibt, sammeln Sie auch da Bonuspunkte. Nicht auf den angebotenen Mist eingehen, sondern das Thema wechseln – das nenne ich gute Manieren.

Hier kommt das Kommunikationswerkzeug, das es Ihnen ermöglicht, Ihr eigenes Thema nach vorn zu bringen.

**Strategie:
Das Thema wechseln –
»Dabei fällt mir was ganz anderes ein«**

Ihr Gegenüber sagt etwas, was Sie herabsetzt und mit dem Sie nichts anfangen können, etwa: »Wenn ich dich einen Tag lang nicht sehe, ist das wie ein Monat Urlaub.« Sie wechseln das Thema mit einigen Einleitungsworten, zum Beispiel:

- Da fällt mir ein … (und jetzt kommt Ihr Lieblingsthema).
- Mir geht gerade Folgendes durch den Kopf …
- Ich komm da gerade auf ganz andere Gedanken, und zwar …
- Jetzt, wo du das sagst, fällt mir ein …
- Vergiss nicht, was du sagen wolltest, aber mir kommt da gerade eine Idee …

Ohne Pause lassen Sie jetzt ein paar Ihrer Lieblingsgedanken vom Stapel. Besonders empfehlenswert sind alle Themen, bei denen Sie sich gut fühlen und über die Sie lange, lange reden können.

Den Angriff ablenken und dabei ins Schwärmen kommen

Lassen Sie uns die Strategie des Themenwechsels noch einmal praktisch durchspielen. Dabei können Sie erkennen, wie einfach es ist, nicht auf den Angriff einzugehen:

Angriff: »Wenn ich dich einen Tag lang nicht sehe, ist das wie ein Monat Urlaub.«
Themenwechsel: »Jetzt, wo du das gerade sagst, fällt mir ein, dass wir dieses Jahr wieder nach Italien an den Gardasee fahren wollen. Weißt du, was uns da so gut gefällt? Da gibt es diesen grandiosen See mit seinem weichen Wasser. Und dann die Landschaft ...«

Nun kommt eine lange Schwärmerei über die Schönheit des Gardasees und seiner Umgebung. Die herabsetzende Attacke wurde von Ihnen mit einem erbaulichen Thema außer Kraft gesetzt.

Wie gesagt wird der Angreifer den Themenwechsel ansprechen, etwa so: »Ey, du lenkst ab!«

Sehr gut. Jetzt können Sie im Doppelpack kontern, mit zwei Strategien, dem zweisilbigen Kommentar und Ihrem Lieblingsthema:

Noch mal die Bemerkung: »Ey, du lenkst ab!«
Zwei Silben plus Themenwechsel: »Ach was? ... Wo du das jetzt gerade sagst, fällt mir noch etwas ganz anderes ein. Das Essen am Gardasee. Ein Gedicht! Da gibt es so eine Art Pizza, ich weiß nicht, wie die heißt, aber da könnte ich mich reinlegen, so lecker ist die. Und dann die Nudelgerichte ...«

Und so kann das für Sie ewig weitergehen. Die spitzen Nägel des Angreifers treffen bei Ihnen – schon wieder nur ins Leere. Sie antworten nicht auf die Attacke. Sie reden vergnügt über das, was Sie immer schon mal erzählen wollten. Damit »bestrafen« Sie Ihren Aggressor. Und das Angriffsmuster wurde von Ihnen mühelos ausgehebelt.

Ein Kostümvorschlag und die Reaktion der Domina im Office

Kerstin ist eine der wenigen Frauen, die in der technischen Abteilung einer großen Firma arbeiten. Ich traf sie nach einem Vortrag, und sie erzählte mir, dass ihr einige meiner Bücher sehr geholfen hätten, sich im Job besser durchzusetzen. Sie arbeitet überwiegend mit Männern zusammen. Da sie sehr attraktiv ist, kommen von ihren Kollegen schon mal Sprüche, die in eine ganz bestimmte Richtung gehen. Ein Beispiel: Im Meeting wird darüber gesprochen, dass ein Kunde zu Besuch kommt, um sich bestimmte technische Produkte anzuschauen. Ein Kollege sagt zu Kerstin: »Wenn der Kunde kommt, könntest du ihm was Besonderes bieten. Zieh dir doch mal sexy High Heels und einen Minirock an. Da gäbe es auch mal was fürs Auge.« Die männlichen Kollegen sind sehr neugierig, wie Kerstin jetzt reagiert.

Früher hätte sie sich darüber aufgeregt und sich mit ihrem Kollegen gestritten. Heute hat sie eine bessere Strategie. Sie benutzt den zweisilbigen Kommentar. Das kombiniert sie mit einem krassen Themenwechsel.

Auf die Kostümvorschläge mit den High Heels und dem

Minirock kontert sie mit einem trockenen »Dito!«. Das versteht ihr Kollege nicht, und deshalb erklärt sie ihm, was das bedeutet: »›Dito‹ heißt: ›Nur wenn du mitmachst.‹ Nur wenn du den Kunden auch in High Heels und Minirock begrüßt. Soll ich ihm eine Mail schicken und ihm deine Verkleidung schon mal ankündigen?«

Wechseln Sie zu einem Thema, das Ihrem Angreifer unangenehm ist, etwa:
- **Vorsorgeuntersuchungen,**
- **gute Vorsätze,**
- **kreisrunder Haarausfall.**

Kerstin erzählte mir, wie sie sich bei solchen Sprüchen in eine OD verwandelt, in eine Office-Domina. »Ich wechsle das Thema und gehe sofort in den Kompetenzmodus. Ich frage noch To-do-Listen ab und spreche meine Kollegen dabei direkt an: ›Wie sieht der Ablaufplan beim Kundenbesuch aus? Steht die Präsentation? Sind die Marketingleute informiert?‹ Das habe ich alles im Kopf und kann es auf Knopfdruck runterrattern. Da vergeht den Herren das Grinsen.«

Kerstin schaut mich freudestrahlend an.

Ich sehe es deutlich vor mir: Office-Domina – ja, das springt ihr aus dem Knopfloch. Und eines ist dabei sonnenklar: Kerstin hat ihren Weg gefunden, sich in der Männerrunde zu behaupten, ohne sich ständig mit den Kollegen raufen zu müssen.

Wenn die Fragen unangenehm werden – Nebeln Sie!

Es gibt nicht nur unangenehme Sprüche, es gibt auch unangenehme Fragen. Wie können Sie sich wehren, wenn jemand Sie mit Fragen drangsaliert? Beispielsweise solche: »Du bist also Vegetarier. Das soll ja impotent machen. Ist das deiner Frau völlig egal?« Oder diese: »Was ist denn jetzt? Ziehst du einen Minirock an, wenn der Kunde kommt? Ja oder ja?«

Auch solche Fragen können Sie mühelos durchwinken. Aber zuvor schauen wir uns das unangenehme Fragemuster einmal genauer an.

> **Nebeln – die einfachste Art, eine Frage nicht zu beantworten.**

Eine Frage ist so etwas wie ein kommunikativer Antrag. Sie können, aber Sie müssen den Antrag nicht annehmen und antworten. Vor allem wenn die Frage aus dem intellektuellen Tiefparterre kommt, ist es erleichternd, das Ganze ins Leere laufen zu lassen. Das können Sie ganz direkt tun, etwa mit den Worten »Dazu sage ich nichts« oder »Das beantworte ich nicht«. Oder Sie gönnen sich ein kleines Späßchen und verbreiten Nebel. Das Nebeln ist eine Strategie, mit der Sie – wieder einmal – nichts sagen. Dennoch kommen ein paar Worte aus Ihrem Mund. Nebulöses wie »Schaun wir mal« zum Beispiel. Ihre Antwort ist unkonkret, schwammig, mehrdeutig – irgendwie nicht zu fassen.

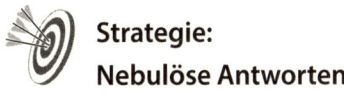

**Strategie:
Nebulöse Antworten**

Bei dieser Strategie hört es sich so an, als würden Sie die Frage beantworten. Tun Sie aber nicht. Das ist die neblige Form des Durchwinkens.

Frage: »Du bist also Vegetarier. Das soll ja impotent machen. Ist das deiner Frau völlig egal?«

Hier ein paar neblige Antworten, mit denen Sie nichts sagen:

- Wüsste ich auch gern.
- Tja! Das ist die Frage aller Fragen. Das ist noch nicht entschieden.
- Man darf nichts erzwingen.
- Ich bin beschäftigt.
- Das wird sich irgendwann von selbst klären.
- Du kennst die Antwort.
- Darüber werde ich nachdenken. Ich gebe dir Bescheid.
- Schaun wir mal.

Auch nach einer nebulösen Antwort gilt: Schweigen Sie. Sie brauchen nichts zu erklären und keine Rechtfertigungen zu liefern. Geben Sie Ihrem Gegenüber die Chance, sich eigene Gedanken zu machen. Falls Ihr Gesprächspartner wissen will, was Sie mit der nebulösen Antwort gemeint haben, antworten Sie einfach: »Denk mal drüber nach!«

Mühelos durchgewinkt –
Mit dem unschlagbaren Abwehrtrio

Ob es Ihnen bewusst ist oder nicht: Sie zeigen Ihren Mitmenschen immer, welche Art von Kommunikation bei Ihnen funktioniert. Eine Provokation oder ein verbaler Angriff ist stets nur ein Versuch, Sie in ein Muster zu verwickeln. Also: Es ist nur ein Versuch. Sie bestimmen, ob dieser Versuch bei Ihnen Erfolg hat.

Um es noch einmal zusammenzufassen: Sie können Provokationen und verbale Angriffe mit drei einfachen Strategien ins Aus schießen, nämlich indem Sie sie

- mit zwei oder mehr Silben abschmettern,
- das Thema wechseln und
- bei unangenehmen Fragen herumnebeln.

Im Alltag ergeben sich daraus drei Vorteile für Sie:

1. Alle drei Strategien sind einfach, leicht zu merken und simpel in der Anwendung.
2. Die Strategien sind amüsant und pfiffig. Statt schlechter Laune sieht man bei Ihnen ein verschmitztes Grinsen im Gesicht.
3. Beim nächsten blöden Spruch, den man Ihnen an den Kopf wirft, reiben Sie sich die Hände. Sie freuen sich über die günstige Gelegenheit, diese Strategien zu üben.

Dabei lernt Ihr Visavis, dass Sie bei seltsamen Bemerkungen einfach nicht mitspielen. Da Sie immer nur durchwinken, gibt es für den anderen kein Erfolgserlebnis, keinen Ego-Aufbau, keinen Zweikampf. Ihr Gegenüber bekommt von Ihnen kein Leckerli. Und somit stehen die Chancen gut, dass Sie weniger Provokationen zu hören bekommen. Doch, es stimmt – Menschen sind lernfähig.

Weisheit ist zu wissen, wo es hingehört

Bei einer verbalen Rempelei können Sie das Papperlapapp Ihres Gegenübers mühelos durchwinken. In solchen Situationen gönnen Sie sich ein herzhaftes »Ach was?«! Hier sind derartige Strategien goldrichtig. Sie beenden damit einen Redeunfall. Dabei bleiben Sie gelassen und zelebrieren die Leichtigkeit des Seins.

Aber es gibt auch Situationen, in denen würde ich von diesen Strategien abraten. Zum Beispiel, wenn Sie als Angeklagter in einem Strafprozess vor Gericht stehen. Ihnen werden die Anklagepunkte vorgelesen – und nein, dann antworten Sie nicht mit einem »Ach was?«. Und Sie wechseln auch nicht das Thema. Besser besprechen Sie das, was Sie vor Gericht aussagen, vorher mit Ihrem Anwalt.

Wenn Sie heiraten und der Standesbeamte Sie fragt, ob Sie mit diesem Mann oder dieser Frau die Ehe eingehen wollen, antworten Sie besser nicht mit einem nebulösen »Wüsste ich auch gern«.

Und wenn Sie hautnah miterleben, wie jemand zu Unrecht beschuldigt wird, ist es selbstverständlich, dass Sie mehr sagen als nur: »Ach nö!«

Übung:
Do it yourself – Selbst machen und mehr lachen

Hier kommen drei Anleitungen zum »Selbstbasteln«. Damit können Sie Ihre eigenen Kontra-Antworten herstellen. Die sorgen dafür, dass Sie im Alltag authentisch klingen. Sie reden so, wie Sie gestrickt sind. Und nicht so, wie es im Buch steht. Das Ganze ist kinderleicht.

Bauen Sie sich Ihren ein-, zwei- oder mehrsilbigen Kommentar
Finden Sie Ihre eigenen Silben, Laute und Worte. Lassen Sie uns dafür zuerst ein paar Silben jagen.

Welche Laute oder Worte kommen aus Ihrem Mund, wenn Sie eine sehr köstliche neue Eissorte probieren?

_____

_____

Welche Laute oder Worte kommen aus Ihrem Mund, wenn Sie überraschend eine Postkarte von einem lange nicht gesehenen guten Freund aus dem Briefkasten holen?

_____

_____

Welche Laute oder Worte kommen aus Ihrem Mund, wenn Sie erstaunt sind und das im Dialekt Ihrer Heimatregion aussprechen?

_____

_____

Welche Laute oder Worte kommen aus Ihrem Mund, wenn Sie aus Versehen Ihr(e[n]) Lieblingsglas/-tasse/-becher fallen lassen?

»Mixen« Sie diese Laute und Worte so lange miteinander, bis Sie Ihren persönlichen ein-, zwei- oder mehrsilbigen Kommentar gefunden haben. Sie dürfen Ihre Kommentare natürlich nachbessern, in Form bringen und aufpolieren.

Notieren Sie sich Ihre selbstgemachten Kommentare:

Je mehr Sie dabei grinsen oder gar lachen müssen, umso geeigneter sind die Kommentare für Sie.

Bauen Sie sich Ihre persönlichen Lieblingsthemen für einen Themenwechsel

Sie können von einer unfairen Frage leichter ablenken, wenn Sie ein prickelndes eigenes Thema vorbringen. Im Alltag mag es allerdings vorkommen, dass Ihnen ausgerechnet dann kein anderes Gesprächsthema einfällt. Das lässt sich leicht ändern. Legen Sie sich einen Vorrat an. Basteln Sie sich vorbeugend ein paar Topics, zu denen Sie jederzeit wechseln können – ohne lange nachdenken zu müssen. So stehen Sie nie mehr sprachlos in der Gegend herum.

Am besten wählen Sie einige Themen aus, über die Sie lange

reden können. Und die Ihnen Spaß bringen. Ihre heitere Grundhaltung fördert Ihren Redefluss und sorgt in Ihrem Gehirn für eine solide Ausschüttung an Endorphinen, also die Neurotransmitter, die für Ihr Wohlbefinden sorgen. Als Thema eignet sich zum Beispiel das Essen:

Welche Gemüsesorte mögen Sie im Moment sehr gern?

_____

_____

_____

_____

Wie mögen Sie das Gemüse am liebsten? Welche Rezepte bevorzugen Sie?

_____

_____

_____

_____

Basteln Sie sich eine nebulöse Antwort

Sie können hier Ihre ganz individuelle Nebelantwort kreieren. Suchen Sie die nebulösen Aussagen in Ihrem Wortschatz und Ihrer Erinnerung.

Erinnern Sie sich daran, als Sie noch ein kleines Kind waren. Wie haben Ihre Eltern oder Großeltern geantwortet, wenn Sie gefragt haben, was Sie zum Geburtstag oder zu Weihnachten geschenkt bekommen? Notieren Sie die Antworten, die Ihnen einfallen. Waren die nebulös?

_____

_____

_____

_____

Wie haben Sie als Kind geantwortet, wenn die Eltern fragten, wie das Zeugnis/die Klassenarbeit ausgefallen ist? Notieren Sie verschiedene Antworten. Ist etwas Nebulöses dabei?

_____

_____

_____

Wie antworten Sie einem/einer Freund(in) auf die Frage, ob Sie beim Umzug helfen, wenn Sie nicht direkt nein sagen wollen?

_____

_____

_____

_____

Wenn Sie alle diese Antworten mixen, durchstylen oder leicht verändern – welche nebulöse Antwort käme dabei heraus?

_____

_____

_____

_____

Und wo können Sie Ihre selbstgebastelten Kontra-Antworten ausprobieren?

Dabei wünsche ich Ihnen viel Vergnügen!

**Freundlich bleiben:
Respekt ist das neue Cool**

Ein Schüler im Alter von ungefähr zwölf Jahren steigt in die S-Bahn, die mit offenen Türen auf ihre Abfahrt wartet. Ein kleinerer Junge humpelt den Bahnsteig entlang. Er geht an Krücken. Der Schüler, der in der offenen S-Bahn-Tür steht, ruft dem Kleinen zu: »He, du Spasti, mach mal Tempo. Lauf, Spacko, lauf!«

Der Kleine auf dem Bahnsteig zieht den Kopf ein, humpelt weiter.

»Eh, Krüppel! Mach schneller! Das schaffst du!«, ruft der Junge aus der S-Bahn.

Zwei Männer gehen den Bahnsteig entlang. Beide sind groß und muskulös. An den Armen und am Hals sind sie tätowiert, schwarz gekleidet. Der Aufdruck auf ihren Totenkopf-Shirts verrät, dass sie Heavy-Metal-Fans sind. Die beiden steigen in die Bahn ein, genau in den Eingang, in dem der Schüler immer noch »Spasti!« ruft. Beide Männer bleiben direkt vor ihm stehen. Der größere schaut zu dem Jungen runter und sagt sehr langsam: »Ey, Alter! Was du da laberst, das ist echt uncool. Der Kleine da draußen, der ist behindert oder so. Zeig mal ein bisschen Respekt!«

Die Schwermetaller gehen weiter, suchen sich Sitzplätze. Der Junge schaut den beiden mit großen Augen hinterher. Beim Hinsetzen ruft einer der Männer dem Jungen zu: »Respekt, Digger! Respekt!«

Der Junge nickt. Das hat er verstanden.

Ihre Lizenz zum »Ach was?«

- Gut abgegrenzt zu sein bedeutet: Sie bestimmen, was für Sie gut und richtig ist.
- Jede ungebetene Einmischung in Ihre Angelegenheiten können Sie unberührt liegenlassen.
- Sie können andere Menschen anders sein lassen – ohne sich darin zu verwickeln.
- Klare Vereinbarungen – damit begrenzen Sie die Macken anderer Menschen.

Misch dich nicht ein!

Eine gute Abgrenzung verhindert Redeunfälle

»Du kannst dir nicht haufenweise Salz ins Essen schütten, ohne vorher zu probieren!« Nur dieser eine Satz, und Axel war genervt. Die Bemerkung kam von seiner Kollegin, mit der er seine Mittagspause verbrachte. Das ganze Team war dabei, und alle kriegten es mit. Die Kollegin ließ öfter solche Sprüche los. Axels Essverhalten war eins ihrer Dauerthemen. Und da gab es einiges, was sie ihm zu sagen hatte. Ihrer Meinung nach kaute er nicht genug. Er schlang das Essen in zu großen Bissen herunter, und das sei ja bekanntlich nicht gesund. Er aß auch viel zu viele Kohlenhydrate. Und dann noch dieses übermäßige Nachsalzen! Nein, Axels Essgewohnheiten waren für die Kollegin nicht akzeptabel. Und das sagte sie ihm auch.

> Ständige Grenzüberschreitungen können demütigend sein.

Wenn die Einmischung wie ein Angriff wirkt

Als Axel mir davon erzählte, hatte er die Nase voll. »Ich hab keine Lust mehr, mir das anzuhören. Die führt sich auf, als wäre sie meine Mutter.«

Ich wollte von Axel wissen, wie er bisher darauf reagiert hatte. Meistens stellte er die Ohren auf Durchzug: zum einen rein, zum anderen wieder raus. Äußerlich blieb er stumm, innerlich hat er sich über die Belehrungen seiner Kollegin geärgert. Für ihn war es jedes Mal ein Angriff. Und er hatte keine Idee, wie er sich verbal dagegen wehren konnte.

Beim Essen achtete er darauf, außerhalb der Sichtweite seiner Kollegin zu sitzen, möglichst am anderen Ende des Tischs. Wenn er ihr – aus Versehen – direkt gegenübersaß, konnte es für ihn unerfreulich werden. Wie man sein Essen richtig kaut – das zeigte sie ihm gern live und in Farbe. Das restliche Team schaute amüsiert zu. Axel wollte seine Mittagspause am liebsten allein verbringen.

Einmischung bedeutet:
Die Grenzen werden nicht respektiert

Schauen wir uns diesen Redeunfall genauer an. »Du kannst dir nicht haufenweise Salz ins Essen schütten, ohne vorher zu probieren!« In den Worten selbst steckt keine Beleidigung. Es ist eher die unterschwellige Botschaft, die den Ärger auslöst. Die Kollegin mischt sich in Axels Angelegenheiten ein. Und das nervt ihn.

Immer wenn sich jemand ungefragt und ungebeten in

unsere Angelegenheiten einmischt, hat das einen bitteren Beigeschmack. Wer so etwas tut, sagt uns indirekt: »Du brauchst meine Hilfe, meinen Rat, meine Führung – weil du das falsch machst.« Diese indirekte »Du-packst-das-nicht«-Botschaft wirkt wie ein Angriff.

Eigentlich ist es eine Selbstverständlichkeit. Jeder von uns hat sein Hoheitsgebiet, seine eigenen Angelegenheiten. Wir kommen besser mit anderen Leuten aus, wenn uns diese Abgrenzung klar ist:

Das sind meine Angelegenheiten.
Hier entscheide ich.
Und das sind deine Angelegenheiten.
Da entscheidest du.

Diese einfache Klarheit verhindert viele unnötige Konflikte. Wir zeigen, dass wir die Entscheidungen und die Lebensweise unserer Mitmenschen respektieren, indem wir uns eben nicht ungefragt bei ihnen einmischen. Gute Beziehungen brauchen eine gute Abgrenzung.

> »Wenn Sie mit jemandem zusammen sind,
> gibt es keinen größeren Ausdruck von Liebe,
> als sich gedanklich aus den Angelegenheiten des/der anderen herauszuhalten.«
> *Byron Katie*

Natürlich gibt es Ausnahmen. Wir mischen uns beispielsweise ein, wenn sich andere nicht um ihre Angelegenheit kümmern können, zum Beispiel bei kleinen Kindern, Pflegebedürftigen oder Menschen in Ausnahmezuständen (Flucht, Katastrophe, Unfälle und Ähnliches). Aber im Normalfall hat jeder Erwachsene seinen Bereich, in dem er bestimmt, wie der Hase läuft. Wer das nicht respektiert, baut Redeunfälle.

Check die Qualität: Ist diese Einmischung nützlich?

Bevor Sie eine Einmischung ablehnen, ist es sinnvoll, zuerst einen Qualitätscheck zu machen. Ist das, was der Einmischer zu sagen hat, irgendwie für Sie von Nutzen?

Ein Beispiel: Wenn sich mein Schatz in meine Autofahrkünste einmischt, wäre das ein Eingriff in mein Hoheitsgebiet. Ich bin die Fahrerin, ich lenke das Auto. Mein Beifahrer darf mir bestenfalls Bonbons in den Mund stecken oder mir bei der Navigation einige dezente Tipps geben. Doch macht es durchaus Sinn, ihm zuzuhören, wenn er plötzlich laut ruft: »Nein, was soll das? Wie fährst du denn um Himmels willen?« Das hört sich zwar an wie eine Einmischung, aber vielleicht bin ich ja gerade dabei, verkehrt in eine Einbahnstraße zu fahren. Damit könnte ich einen erheblichen Schaden anrichten. Und genau an dieser Stelle wäre seine Einmischung für uns beide sehr sinnvoll. Das meine ich mit Qualitätscheck.

Da mischt sich jemand in Ihre Angelegenheiten? Checken Sie, ob etwas Nützliches für Sie dabei ist.

Bevor Sie eine Einmischung zurückweisen, prüfen Sie also kurz, ob Ihr Gegenüber Ihnen etwas Brauchbares oder gar Wichtiges zu sagen hat. Wenn dabei nichts war, was Sie weiterbringt, können Sie sich abgrenzen und die Einmischung ablehnen. Falls etwas Nützliches für Sie dabei war, wäre ein Dankeschön die passende Antwort.

Auch gut gemeinte Ratschläge können eine Grenze überschreiten

Bevor ich zu den praktischen Strategien komme, lassen Sie uns noch einen kurzen Blick auf Axel und seine Kollegin werfen. Axel hat wie jeder Mensch einen eigenen Lebensbereich, den nur er gestaltet. Wie er isst, was er zu sich nimmt, in welchem Tempo er isst – all das ist allein seine Sache, sein Hoheitsgebiet. Und da bestimmt er. Die Bemerkung seiner Kollegin war eine Einmischung in seine Angelegenheiten – das hat ihn genervt. Leider hat er keine eindeutige Grenze gezogen und die Einmischung zurückgewiesen. Er blieb stumm. Wahrscheinlich hat die Kollegin gedacht, dass Axel ihr interessiert zuhörte. Sie hat sein Schweigen falsch verstanden.

Eine klare Ansage stoppt die Einmischung: »Das ist meine Angelegenheit. Und das mache ich so, wie ich es für richtig halte.«

Aus der Sicht der Kollegin waren ihre Bemerkungen wahrscheinlich nur gut gemeint. Sie wollte Axel helfen. Oder sie wollte ihm zeigen, was sie alles weiß. Dass sie dabei auf sein Hoheitsgebiet vorgedrungen ist, war ihr wahrscheinlich nicht bewusst. Genau an dieser Stelle wäre eine klare Kommunikation wertvoll gewesen. Axel hätte deutlich machen können, dass die Art und Weise, wie er isst, allein seine Sache ist. Und dass er dabei keine Hilfe und Tipps braucht. Das hätte ihm so manches Mittagessen erleichtert. Statt vor seiner Kollegin in Deckung zu gehen oder sich über sie im Stillen zu ärgern, hätte Axel für klare Verhältnisse sorgen können. Es reichen wenige Worte, um eine Einmischung zurückzuweisen.

**Strategie:
Die schnelle Abgrenzung**

Hier kommt die Strategie, mit der Sie sich schnell abgrenzen. Denn Sie können die Einmischung ablehnen, ohne viele Worte zu machen. Mein Tipp an dieser Stelle: Fangen Sie keine Diskussion an. Rechtfertigen Sie sich nicht. Nur kurz antworten, und das war's.

Jemand sagt zu Ihnen beispielsweise: »Wie siehst du denn aus? Du kannst doch nicht eine grüne Streifenhose mit einem rosa Pullover kombinieren.«

Die Kontra-Antworten sind kurz, eindeutig, aber nicht verletzend:

- Ich bin so froh, dass das meine Sache ist.
- Du siehst das so. Ich sehe das anders.
- Das mache ich, wie ich will.
- Da sind wir verschiedener Meinung.
- Ich hab da meinen eigenen Kopf.
- Danke, dass du mir das gesagt hast. Ich bleibe bei dem, was ich will.

Wie Sie Ihr Hoheitsgebiet verteidigen – Auf die sanfte Tour

Es gibt Menschen, die sehr empfindlich sind. Und die können so eine deutliche Keine-Einmischung-Ansage nur schwer ertragen. Oft leiden die Betreffenden unter der Angst vor Zurückweisung. Deshalb reagieren sie häufig beleidigt oder angesäuert, wenn man Ihre Einmischung ablehnt. Für die Betreffenden ist das so, als hätte man sie komplett als ganze Person abgelehnt.

> **Diplomatie ist die Kunst,
> die eigenen Absichten
> so auszudrücken,
> dass sie beim anderen
> keinen Widerstand erzeugen.**

Falls Ihr Gegenüber so empfindlich ist, rate ich, diplomatischer vorzugehen. Praktisch heißt das, dass Sie die Botschaft »Keine Einmischung« in freundliche Worte verpacken. Dieses diplomatische Vorgehen empfehle ich auch, wenn Sie mit Menschen reden, die Ihnen Angst machen, zum Beispiel im Umgang mit bestimmten Vorgesetzten oder mit anderen Autoritätspersonen.

Damit Ihnen diese Diplomatie im Alltag gelingt, habe ich eine Drei-Satz-Strategie entwickelt. Durch dieses Vorgehen verteidigen Sie Ihr Hoheitsgebiet mit Samthandschuhen. Dadurch zeigen Sie Stärke, ohne dabei aggressiv zu werden. Die Drei-Satz-Strategie funktioniert so:

1. Im ersten Satz der Strategie unterstellen Sie Ihrem Gegenüber absichtlich etwas Positives.
2. Mit dem zweiten Satz sagen Sie deutlich, dass es sich hierbei um Ihre Angelegenheit handelt.
3. Und im dritten Satz bedanken Sie sich dafür, dass Ihr Gegenüber Ihnen (wahrscheinlich) helfen wollte.

Mit dieser Strategie halten Sie den Ball flach. Sie veranstalten keinen weiteren Redeunfall, stattdessen sorgen Sie für klare Verhältnisse. Wie Sie gleich sehen werden, müssen Sie dabei nicht viele Worte machen. Und Sie können die Strategie so verändern, dass sie zu Ihnen und zu Ihren Mitmenschen passt. Kurz gesagt: Sie müssen nicht seltsam oder unnatürlich reden.

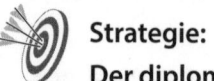

Strategie:
Der diplomatische Dreisatz

Sprechen Sie die drei Sätze in einem ruhigen Tonfall. Und zeigen Sie sich dabei von Ihrer selbstsicheren Seite. Sie weisen die Einmischung ab, ohne den anderen zu verletzen.

1. Satz:
   Positive Unterstellung.
   - Ich gehe davon aus, dass du mir helfen willst.
   - Wahrscheinlich versuchst du, das Beste zu tun.
   - Dir ist es wichtig, dass ich das Richtige tue.
   - Sie möchten mir helfen.

2. Satz:
   Klare Abgrenzung.
   - Dabei ist das meine Sache. Du kannst dir sicher sein, dass ich das regeln kann.
   - Und das ist meine Angelegenheit. Ich werde das tun, was ich für richtig halte.
   - Das ist allein meine Aufgabe. Ich entscheide das.

3. Satz:
   Wertschätzung oder Dankeschön.
   - Trotzdem: Danke, dass du dir darüber Gedanken gemacht hast.
   - Dennoch: Ich weiß es zu schätzen, dass du mir helfen willst.
   - Danke für deine Tipps.

So bringen Sie die drei Sätze zusammen:

1. Dir ist es wichtig, dass ich das Richtige tue *(positive Unterstellung)*.
2. Und das ist meine Angelegenheit. Ich entscheide, was für mich gut und richtig ist *(klare Abgrenzung)*.
3. Dennoch: Ich weiß es zu schätzen, dass du mir helfen willst *(Wertschätzung)*.

....

Beim anderen tut sich nichts? Hartnäckigkeit hilft

Die Chancen stehen gut, dass Ihr Gegenüber nach dieser höflichen Ansage seine Einmischung beendet. Wenn nicht, können Sie nachlegen. Wiederholen Sie das Ganze in aller Seelenruhe ohne jede Aufregung. Gern in einer neuen Formulierung, mit etwas anderen Worten. Oder – wenn Ihnen nichts einfällt – auch noch einmal haargenau gleich.

Und falls es ganz dicke kommt und Ihr Gegenüber sich nicht umstimmen lässt, wiederholen Sie – im strengen Tonfall – nur den zweiten, mittleren Satz. Sie ziehen beharrlich eine Grenze: »*Das ist meine Angelegenheit!*«

Beides wirkt: Die selbstsichere Ausstrahlung und die passenden Worte

Für Axel waren beide Strategien, die kurze Ansage und die diplomatische Drei-Satz-Strategie, eine echte Erleichterung. Wir haben ein bisschen herumprobiert, und am Ende fand Axel die Worte, die er sagen kann, ohne sich dabei seltsam zu fühlen. Um die Einmischung seiner Kollegin zurückzuweisen, sagte er: »Du achtest darauf, wie und was ich esse. Du meinst es wahrscheinlich gut. Aber mein Essen ist allein meine Sache. Und jetzt lass uns über was anderes reden.«

> **Sie strahlen eine ruhige Autorität aus, wenn Sie zweifelsfrei wissen, was Sie wollen und was Sie nicht wollen.**

Dabei wirkte Axel entspannt und zugleich selbstsicher. Er strahlte eine ruhige Autorität aus. Die Ausstrahlung mit den passenden Worten – beides zusammen ist sehr wirksam. Damit hatte er seine persönliche Art der Abgrenzung gefunden. Und darum geht es mir immer: um den eigenen, ganz individuellen Stil. Wenn dieser individuelle Stil gefunden wurde, entsteht ganz von selbst eine innere Stärke, die nach außen abstrahlt. Das wirkt dann sehr überzeugend.

Kein Boxkampf gegen piepsende Küken

Es gibt allerdings immer ein paar Teilnehmer meiner Seminare, die sich eine härtere Gangart wünschen. Die suchen nach einer Strategie, die mehr zwiebelt. Eine Strategie, bei der sie mehr austeilen können. Ich kann das durchaus verstehen. Allerdings halte ich nichts von heftigen verbalen Retourkutschen. Hart zu kontern wäre in den meisten Fällen ungefähr so, als würde man mit einem Küken boxen. Wer sich aggressiv wehrt, zeigt damit, dass er sich von einem so harmlosen Tierchen bedroht fühlt.

Ja, einige Einmischer sind aufdringlich, arrogant und belehrend. Sie behandeln uns so, als seien sie obenauf und wir da unten. Aber ich glaube nicht, dass diese Menschen absichtlich böse sind. Ich halte sie eher für unachtsam und unsensibel. Manche Einmischer versuchen auch nur, überlegen und wichtig zu tun, um damit aus ihrem Minderwertigkeitsgefühl herauszukommen. Wie immer bei solchen Grenzüberschreitungen steht es uns frei, nicht mitzumachen und das Muster zu unterbrechen.

Die ungewöhnliche Kampftechnik: Den Einmischer anfeuern

Bei der Suche nach den passenden verbalen Strategien sind die asiatischen Kampfkünste für mich eine Quelle der Inspiration. Dort gibt es überraschende Drehungen und Wendungen, durch die ein Gegner zu Fall gebracht wird. Ungewöhnlich sind die Kampftechniken, die keinen direkten Widerstand leisten. Stattdessen wird die Energie des Gegners sogar noch verstärkt. Es ist so, als würde man einen schlagenden Arm ergreifen und zu sich hinziehen, statt dagegenzuhalten. Der Gegner wird zu Fall gebracht, indem man ihn noch mehr in die Richtung zieht, in die er schlagen wollte.

> **Statt das Opfer zu sein, übernehmen Sie die Leitung.**

Diese Kampftechnik lässt sich auch in Worte umsetzen. Mit der nachfolgenden Strategie hebeln Sie das Einmischungsmuster aus, indem Sie Ihren Einmischer anfeuern. Sie verlangen weitere Kommentare und Belehrungen. Das ist ungewöhnlich und überraschend. Statt sich zu wehren, bitten Sie den Betreffenden, sich noch mehr zu einzumischen. Sie ziehen diese Person absichtlich zu sich hin, statt sie von sich wegzustoßen. Dabei sitzen Sie in der Leitungsposition. Sie sind nicht das Opfer der Einmischung. Nein, jetzt sind Sie der Dirigent oder die Dirigentin.

Die einfachste Art, das Muster zu unterbrechen: »Nein danke!«

Nachdem Sie alle Bemerkungen und Kommentare Ihres Gegenübers gehört haben, machen Sie damit, was Sie wollen. Und das kann bedeuten: Sie sagen: »Danke« und machen nichts damit.

**Strategie:
Sag mir alles und noch mehr**

Bei dieser Strategie lenken Sie Ihren Einmischer, indem Sie um die ganze Ladung bitten.

Die missbilligende Einmischung: »Wie siehst du denn aus? Du kannst doch nicht eine grüne Streifenhose mit einem rosa Pullover kombinieren.«

Ihre möglichen Reaktionen:

- Erzähl mir mehr davon. Was passt dir an meiner Kleidung nicht? Halt dich nicht zurück.
- Da gibt es doch noch mehr, was du mir sagen willst. Lass alles raus.
- Interessant. Immer raus mit der Sprache. Sag mir, was du auf dem Herzen hast.
- Sag mir noch mehr. Rede weiter.
- Ich brenne darauf, noch mehr davon zu hören.

Ihre Einlasskontrolle: Sie entscheiden, was in Ihr Hoheitsgebiet hereinkommt und was nicht.

Und falls Sie gerade Ihre fiesen fünf Minuten haben (und doch gegen das piepsende Küken boxen wollen), können Sie die Strategie mit einem Samaritersatz beenden. Solch ein Schlusssatz klingt ungefähr so:

- Geht es dir jetzt besser?
- Hat dir die Aussprache geholfen?
- Wenn es dir hilft, geb ich dir gern recht.
- So, jetzt ist alles raus, und du kannst dich erholen. Prima!

. . . .

Einmischungen sind nur Botschaften, die Sie nicht annehmen müssen

Stellen Sie sich vor, Ihr Einmischer wäre ein Postbote, der Pakete bei Ihnen abliefert, die Sie nicht bestellt haben. Statt sich lauthals darüber zu beschweren, bitten Sie den Boten einfach, die Pakete an den Absender zurückzuschicken. Sie müssen nichts davon auf Ihr »Hoheitsgebiet« lassen. Sie machen bei jedem Paket einen Qualitätscheck, um nachzuschauen, ob etwas Nützliches für Sie drin ist. Und was unbrauchbar ist, geht retour. Das ist nicht mehr Ihre Sache.

Anders als Pakete sind die Worte, die Sie hören, nur Töne. Es sind Klänge, die verfliegen, nachdem sie ausgesprochen worden sind. Sie können bei Worten eines anderen Menschen einfach die Annahme verweigern und sie vor Ihrem Hoheitsgebiet liegenlassen – indem Sie sich nicht damit beschäftigen. Dort werden die Worte vom Winde verweht.

Wenn sich die Hoheitsgebiete überschneiden

Meine Angelegenheiten, deine Angelegenheiten – da gibt es noch etwas Drittes: unsere gemeinsamen Angelegenheiten. Das sind die Bereiche des Lebens, die wir mit anderen teilen: Tisch und Bett, Badezimmer und Küche, Geld und Freunde, Freizeit und Urlaubsreisen. Und das gemeinsame Büro. Dort gibt es die häufigsten Redeunfälle.

Da meine Seminare meistens direkt in den Firmen stattfinden, höre ich viel von den Problemen, die ich die »Eheprobleme am Arbeitsplatz« nenne. Die Mitarbeiter haben in der Woche mehr miteinander zu tun als mit ihren jeweiligen Partnern zu Hause. Kein Wunder, dass am Arbeitsplatz ähnliche Streitereien auftreten wie in einer Partnerschaft. Und wie auch zu Hause wird bei der Arbeit meistens über Kleinigkeiten gestritten.

**Das ist eklig –
da will ich mich einmischen**

Schauen wir uns Lisa und Oliver an. Die beiden teilen sich ein Büro. Lisa mochte Oliver – jedenfalls am Anfang. Er hatte einen ähnlichen Musikgeschmack wie sie. Beide sahen die gleichen Serien im Fernsehen. Ja, mit Oliver verstand sich Lisa auf Anhieb. Und dann passierte es: Irgendwann stellte sie fest, dass Olive leider eine unappetitliche kleine Angewohnheit hatte. Und diese Angewohnheit störte Lisa von Tag zu Tag mehr.

Als ich Lisa in einem meiner Seminare traf, erzählte sie mir davon: Oliver bohrte in der Nase. Natürlich nur in *seiner* Nase. Das war eindeutig sein Hoheitsgebiet, seine Angelegenheit. Trotzdem mochte Lisa sich da einmischen. Sie wollte, dass Oliver damit aufhört.

> **Ihre Aufmerksamkeit
> ist wie Dünger:
> Was Sie immer wieder beachten,
> das wächst.**

Die Sache sah so aus: Oliver begann mit seinen Tiefenbohrungen, wenn er am Computer arbeitete und auf den Bildschirm starrte. Mit einer Hand tippte er auf der Tastatur herum. Mit dem Zeigefinger der anderen durchforstete er seine Nasenschleimhaut. Im Lauf der Zeit hatte Lisa sich auf diese Angewohnheit fixiert. Sie schaute immer wieder hin, wenn Oliver seinen Finger ins Nasenloch steckte. Sie registrierte angewidert, wie oft er das machte, wie lange seine Bohrungen dauerten und – das fand sie besonders widerlich – was er anschließend mit der Ausbeute anstellte.

»Igitt! Hör auf damit!«

Diese Fixierung, dieses ständige Hingucken, machte die Sache für Lisa immer schlimmer. Obwohl Oliver die meiste Zeit am Tag *nicht* in der Nase bohrte, kam es ihr so vor, als würde er das ständig tun.

Im ersten Anlauf tat Lisa das, was viele Menschen tun, wenn sie das Verhalten eines vertrauten Menschen stört: Sie wollen das missliebige Gebaren stoppen, beenden, beseitigen, ausmerzen. Ohne nachzudenken, fauchte Lisa: »Igitt! Hör auf damit!«

Oliver ließ sich das Nasebohren jedoch nicht verbieten. Der Satz »Hör auf damit!« funktionierte bei ihm nicht. Ganz instinktiv wehrte er sich dagegen, dass seine Kollegin ihm Vorschriften machen wollte. Obwohl er Lisa durchaus sympathisch fand, ging es gegen seine Ehre, sich von ihr etwas verbieten zu lassen. Nein, Oliver lässt sich nicht von dieser Frau sagen, was er tun und lassen soll. Niemals. Seine typische Reaktion auf Lisas Aufforderung lautete denn auch: »Guck doch woandershin.«

> **Fragen Sie sich:
> Wie kann ich
> meinem Gegenüber sagen,
> was mich stört –
> ohne ihm Vorwürfe zu machen?**

Kneife oder reife

Jedes Problem, das wir mit anderen haben, kann uns stressen, kann uns die Laune verderben oder uns in den Wahnsinn treiben.

Aber es gibt noch einen anderen Umgang damit. Wir können aus dem Problem einen Dünger für unsere Hochkultur machen. Wir können lernen, uns wohlzufühlen, obwohl andere Leute nicht so sind, wie wir sie gern hätten.

> **Mit einer ausgestreckten Hand
> erreichen Sie mehr als mit der
> geballten Faust.**

Natürlich können wir auch kneifen. Das Problem ignorieren, Augen zu, stillhalten und hoffen, dass bald Feierabend ist. Und dabei innerlich immer mehr Groll ansammeln. Nein, im Alltag gibt es keinen Zwang, sich weiterzuentwickeln. Alles ist nur eine Einladung. Wir entscheiden, wo wir unsere Zelte aufbauen.

Die meisten Probleme und Störungen lassen sich beheben, wenn die Beteiligten in Ruhe und sachlich darüber reden. Das Störende respektvoll ansprechen, um eine Änderung bitten – das hilft. Meistens.

Es gibt eine einfache Strategie, mit der Sie Störungen, Belastungen, Probleme im Job, zu Hause oder im Freundeskreis ansprechen können. Die Strategie besteht nur aus drei Sätzen. Durch diese drei Sätze verhindern Sie, dass der Gesprächspartner mit zu vielen Worten überschüttet wird. Und zugleich sorgen diese drei Sätze dafür, dass Ihr Gegenüber die Informationen bekommt, die nötig sind.

**Strategie:
Störendes ansprechen, ohne zu verletzen**

Hinter jedem Ärger und jeder Enttäuschung steckt ein Wunsch, der nicht erfüllt wurde. Sagen Sie direkt, wie Sie sich fühlen und was Sie sich vom anderen wünschen:

1. Beschreiben Sie das, was Sie stört – ohne verletzend zu sein. Verzichten Sie auf Vorwürfe oder Schuldzuweisungen:
   - Ich habe gemerkt, dass du … *(beschreiben Sie das, was Sie stört)*.
   - In der letzten Zeit habe ich gesehen, wie du …
   - Mir fällt auf …
   - Ich merke …

2. Sagen Sie, was Sie dabei fühlen oder wie es Ihnen dabei geht.
   - Ich bin … (enttäuscht, verärgert, angefressen, sauer, wütend und so weiter).
   - Bei mir führt das dazu, dass ich …
   - Ich fühle mich deswegen …

3. Formulieren Sie eine klare Bitte oder einen Wunsch. Verzichten Sie auf Kommandos, Vorschriften oder Drohungen.
   - Meine Bitte an dich lautet: …
   - Ich wünsche mir …
   - Für mich ist es wichtig, dass …
   - Könntest du bitte …
   - Ich habe einen Vorschlag, und zwar …

Alle drei Sätze zusammen können dann so oder ähnlich klingen:

> »Mir ist aufgefallen, dass du gestern Geld aus meinem Portemonnaie genommen hast, ohne mich zu fragen. Das mag ich nicht, und darüber ärgere ich mich. Ich möchte, dass du mich vorher fragst.«

Lassen Sie anschließend Ihren Gesprächspartner zu Wort kommen. Der Betreffende braucht jetzt »Sendezeit«, um seine Sicht der Dinge darzustellen. Auch Ihr Gegenüber hat Wünsche, Gefühle und Gründe, die wichtig sind. Am Ende geht es darum, eine gemeinsame Regelung zu finden, mit der beide Seiten einverstanden sind.

Was tun, wenn der andere stur ist?

Lisa und ihr nasebohrender Kollege Oliver stehen hier stellvertretend für alle Leute, die uns mit ihren Macken und Marotten nerven. Vielleicht geht es dabei nicht ums Nasebohren, sondern um Unordnung, um Zahnpastaspritzer auf dem Badezimmerspiegel oder darum, wie viel Stinkkäse die Raumluft verträgt.

Manchmal geben wir uns alle Mühe und versuchen, unsere Mitmenschen zu ändern. Wir wollen sie von ihren Macken wegbringen. Das, was uns stört, soll aufhören. Wenn wir mit unseren Änderungsversuchen scheitern, reagieren wir enttäuscht. Wir stehen frustriert vor einer Wand, während der andere immer noch summt: »Ich will so bleiben, wie ich bin.« Kein Wunder, dass wir dann stärkere Geschütze auffahren, um uns endlich durchzusetzen. Wir machen mehr Druck. Aber weil Druck auf der anderen Seite Gegendruck erzeugt, verhärten sich die Fronten. Keiner will verlieren, keiner will nachgeben. So funktioniert es nicht. Wenn sich der Streit zuspitzt, brauchen wir nicht noch mehr von dem, was bisher nicht funktioniert hat. Wir brauchen nicht mehr Druck, nicht mehr Härte, sondern mehr Kreativität. Indem wir anfangen, anders über das Problem nachzudenken, können wir aus dem Streitmuster ausbrechen.

Öfter mal querdenken und viele Lösungen finden

Am Beispiel von Lisa und Oliver möchte ich zeigen, wie dieses Andersdenken konkret aussehen kann. Statt nur ein einziges Ergebnis anzupeilen (»Der soll sich gefälligst ändern«), geht es darum, viele unterschiedliche Ideen zu sammeln. Welche davon tatsächlich funktioniert, zeigt sich später im Alltag. Aber am Anfang geht es um Vielfalt statt Einfalt. Viele gute Ideen sind besser als nur eine einzige.

Um den Streit zu beenden: Entzünden Sie Ihre Kreativität, denken Sie in alle Richtungen, und sorgen Sie für eine faire Regelung.

Hier ein paar quergedachte Lösungen, mit denen Lisa die Probleme mit ihrem nasebohrenden Kollegen in den Griff bekommen kann:

- *Darüber reden – ohne Vorwürfe:* Oliver braucht möglicherweise etwas sehr Einfaches, nämlich mehr Information. Vielleicht merkt er gar nicht, was mit Lisa geschieht, wenn er in seiner Nase bohrt. Nur ein genervtes »Hör auf damit!« ist zu wenig Information. Echtes Reden hilft. Lisa kann deutlich sagen, was sie sich wünscht, ähnlich wie in der Strategie »Störendes ansprechen, ohne zu verletzen«. Wenn sie dabei auf Kommandos und Vorwürfe verzichtet, erhöht sie die Chance, dass Oliver ihr entgegenkommt.
- *Zeitweise räumliche Trennung:* Lisa kann Oliver darum bitten, dass er außerhalb des Büroraums in der Nase bohrt, etwa auf dem Flur, im WC, am Kopie-

rer. Sie kann ihm die Sache erleichtern, indem sie ihm einige Vorteile aufzeigt. Zum Beispiel, dass er dabei in Bewegung kommt und möglicherweise auch andere Kollegen trifft. Oder Lisa nutzt seine nasalen Erkundungen, um selbst aufzustehen und woanders tief durchzuatmen.

- *Das Wohlbefinden trainieren:* Bisher war das Nasebohren für Lisa ein negativer Trigger. Das Ganze löste bei ihr Unbehagen aus. Sie kann das Problem allerdings auch in einen positiven Reiz umwandeln, zum Beispiel so: Bei jeder seiner Bohrungen macht Lisa eine kleine Pause. Statt Olivers Angewohnheit mit Widerwillen zu beobachten, kultiviert sie ganz bewusst ihr Wohlbefinden. Dabei lockert sie ihre Schultern, bewegt ihren Rücken und entspannt ihre Gesichtsmuskulatur, dehnt ihre Arme und Beine. Dann nimmt sie ganz bewusst fünf tiefe Atemzüge. Und anschließend schaut sie sich auf ihrem Schreibtisch etwas Schönes an, etwa Souvenirs, Fotos und Ähnliches. Bei jeder Bohrung sorgt Lisa also gut für sich selbst …
- *Das Lachen trainieren:* Bei diesem Problem kann Lisa ihren Humor kultivieren. Statt sich aufzuregen, überlegt sie sich allerlei amüsante Beschreibungen für Olivers Forschungsdrang. Das geht von »Er kratzt sich von innen am Kopf« bis hin zu »Er wärmt schon wieder seinen Zeigefinger«. Wie viele Umschreibungen wird sie finden? Und bei welcher lacht sie am meisten? Das ist die Kunst des Umdeutens: Aus dem Ernstfall wird eine Lachnummer. Denn wer Humor hat, steht über den Dingen.

- *Die normative Zwangsjacke ausziehen:* Lisa kann sich Oliver zum Vorbild nehmen. Der ist scheinbar selbstsicher genug, um im Büro das zu tun, wonach ihm der Sinn steht. Das wäre doch auch für Lisa eine Richtung, in die sie sich entwickeln könnte … Ab sofort testet Lisa jeden Tag aufs Neue, wie sie entspannter im Büro arbeiten kann. Dabei traut sie sich, das zu tun, was sie immer schon mal im Büro tun wollte, zum Beispiel sich die Augenbrauen zupfen, bei der Arbeit singen, zwischendurch mal Luftgitarre spielen, mit einem Kaugummi große Blasen machen.
- *Mehr Kreativität trainieren:* Jedes Problem fordert unseren Einfallsreichtum heraus. Lisa kann sich überlegen, welche künstlerischen Maßnahmen ihr die Sache erleichtern würden. Wie wäre es beispielsweise, wenn sie Olivers Nasenexpeditionen mit ihrem Smartphone fotografierte? Nach der hundertsten Bohrung könnte sie ihm ein Fotobuch überreichen. Darin würde Oliver seine vielfältige Mimik beim Forschen bewundern können.
- *Neues Verhalten vorschlagen und beim Üben hilfreich zur Seite stehen:* Ohne sich bei Oliver einzumischen, kann Lisa ihre Hilfe anbieten. Falls das Nasebohren für ihn auch ein Problem ist, können beide zusammen eine Vereinbarung treffen. Lisa kann Oliver helfen, sich diese Angewohnheit bewusst zu machen. Zum Beispiel so: Jedes Mal, wenn sein Finger in ein Nasenloch wandert, gibt Lisa einen Laut von sich oder bietet ihm ein Bonbon an. Oliver kann sich bremsen, etwas anderes tun und damit die Angewohnheit unterbrechen.

- *Endgültige räumliche Trennung:* Lisa kann das gemeinsame Büro verlassen und sich einen Raum mit einem anderen Kollegen teilen. Vorzugsweise mit jemandem, der – wenn überhaupt – nur in seiner Freizeit in der Nase bohrt. Eine endgültige räumliche Trennung empfehle ich auch dann, wenn das Problem sehr gravierend ist und die Qual zu groß wird, zum Beispiel bei stark antisozialem Verhalten oder Suchtproblemen. In solchen Fällen besteht die Erste Hilfe darin, eine Trennung herzustellen, um sich von dem quälenden Verhalten abzugrenzen.

So wird die ständige Beobachtung vermieden

Bei Lisa und Oliver gab es am Ende eine einfache Lösung. Beide redeten vernünftig miteinander. Oliver reduzierte danach seine Bohrungen etwas, und sie stellten die Schreibtische anders hin. Lisa muss sich jetzt umdrehen, wenn sie ihren Kollegen anschauen will. Oliver wird nicht mehr ständig observiert. Dadurch wird Lisa nur noch sehr selten Zeugin seiner Expeditionen. Seitdem hat sich die Stimmung im Büro verbessert. Beide kommen wieder gut miteinander aus.

Vielleicht hilft Ihnen die eine oder andere Idee bei Ihren alltäglichen Turbulenzen. Sie müssen sich nicht sofort für eine Lösung entscheiden. Im Gegenteil: Sie können mehrere Optionen hintereinanderschalten. Oder eine nach der anderen ausprobieren. Oder aus diesen Anregungen etwas ganz Neues machen.

> Ist es besser geworden?
> Zeigen Sie Ihrem Gegenüber,
> dass Sie sich über die
> positive Veränderung freuen.

Wo eine Abgrenzung falsch wäre

Wie jedes Kommunikationswerkzeug haben auch diese Abgrenzungsstrategien ihren Einsatzbereich. Da sind sie unschlagbar, weil sie Redeunfälle verhindern und einer Eskalation vorbeugen. Aber es gibt auch Situationen, in denen eine bloße Abgrenzung falsch wäre. Zum Beispiel, wenn ein Kind misshandelt oder ein Tier gequält wird. Wenn Sie das mitkriegen, ist es Ihre Angelegenheit. Wenn Menschen in Not sind oder einen Unfall haben, sagen Sie nicht, das gehe Sie nichts an. Sie stehen diesen Menschen bei, weil Sie sich das auch von anderen wünschen, falls Sie selbst in Not geraten. Und wenn der alte Mann in der Wohnung über Ihnen seit Tagen keinen Mucks von sich gibt, klingeln Sie bei ihm und fragen, ob alles in Ordnung ist. Aber ansonsten gilt: Gute Grenzen erleichtern das Zusammenleben.

Übung:
Testen Sie sich selbst – Wie gut können Sie Grenzen ziehen?

Können Sie sich aus den Angelegenheiten anderer Menschen heraushalten? Und wie gehen Sie damit um, wenn sich jemand in Ihre Angelegenheiten einmischt?

Dieser kleine Test zeigt die Richtung, in die Sie möglicherweise tendieren. (Das ist ein spielerischer Test. Bitte nehmen Sie das Ganze nicht zu ernst.)

Du bist dran!

Ihre sanften Worte zeigen Wirkung. Nach langem Reden steht Ihr Schatz endlich auf und räumt das dreckige Geschirr in die Geschirrspülmaschine. Dabei bewegt er sich sehr langsam, stöhnt hin und wieder. Sein Gesichtsausdruck zeigt puren Widerwillen.

Wie reagieren Sie?

a. Sie sehen seinen Widerwillen und sagen zu Ihrem Schatz in etwa: »Du tust ja gerade so, als müsstest du gleich sterben. Stell dich nicht so an!«
b. Sie können das Elend nicht mit ansehen. Sie springen auf und sagen im sarkastischen Tonfall: »Also, wenn das für dich so eine Qual ist, dann mach ich das. Ich will ja nicht, dass du dir dabei beide Arme brichst.«
c. Sie sehen staunend zu, wie Ihr Schatz die Geschirrspülmaschine einräumt. Sie holen sich eine Tüte Popcorn und genießen die Show, die er veranstaltet.
d. Sie sehen den Widerwillen im Gesicht Ihres Schatzes und rufen ihm freudestrahlend zu: »Ja, du schaffst das! Go, Schatzi, go! Und wenn du die Geschirrspülmaschine eingeräumt hast, dann wisch doch mal über den Herd.«

Das Treppensteigen in der Pause

Sie haben einen Kollegen, mit dem Sie zusammen Pause machen. Der Kollege ist fitnessbesessen. Er trainiert sehr viel. Seiner Meinung nach sollten Sie sich auch mehr bewegen. Heute sagt er in der Pause zu Ihnen: »Weißt du, was wir beide jetzt tun? Wir machen ein Kardio-Training. Lass uns ins Treppenhaus gehen. Wir laufen die Treppen hoch, vom untersten Stockwerk bis ins oberste. Ja, Treppen steigen – das tut dir gut. Auf geht's!«

Wie reagieren Sie?

b. Sie sind völlig überrumpelt und lassen sich von dem eifrigen Kollegen ins Treppenhaus schleifen. Dort gehen Sie widerwillig ein paar Stufen hoch. Irgendwann brechen Sie die Sache ab, weil Sie das Ganze doch zu doof finden.

c. Bevor Sie antworten, überlegen Sie drei Sekunden. Dann sagen Sie zu Ihrem Kollegen: »Danke, dass du dich so um meine Fitness kümmerst. Ich verbringe diese Pause lieber ruhig und entspannt. Aber wenn du Treppen steigen willst – viel Spaß dabei.«

a. Ohne lange nachzudenken, platzt es spontan aus Ihnen heraus: »Sag mal, hast du noch alle Latten am Zaun?! Ich lauf nicht wie ein Blödmann durchs Treppenhaus. Das macht doch hier keiner! Es gibt hier einen Fahrstuhl, der funktioniert.«

d. Sie überlegen kurz. Dann springen Sie freudig auf. Sie klatschen in die Hände und rufen begeistert: »Ja, lass uns ganz schnell Treppen steigen! Aber das machen wir nur in Unterwäsche. Ich will nicht meine Büroklamotten vollschwitzen. Los, du fängst an. Zieh dein Hemd aus. Und dann die Hose.«

Litanei für einen Loser

Bei Zusammenkünften mit der Verwandtschaft treffen Sie immer wieder auf eine Tante, die mit Ihrem Lebenswandel nicht einverstanden ist. Bei der letzten Familienfeier bekamen Sie – vor allen anderen Verwandten – von ihr Folgendes zu hören: »Bei dir hat sich in der Zwischenzeit wenig getan. So richtig weitergekommen bist du ja nicht. Andere haben in deinem Alter viel mehr erreicht. Du hast bisher nichts Bedeutendes zustande gebracht.«

Und wie reagieren Sie jetzt?

c. Sie atmen tief durch, gehen in eine aufrechte Körperhaltung. Dann schauen Sie die Tante lächelnd an und sagen: »Ach was?« Anschließend schweigen Sie bedeutungsvoll.
a. Sie kriegen die Motten! Empört schlagen Sie zurück: »Das musst du gerade sagen! Guck dich doch mal selbst an. Was hast du denn erreicht? Aus dir ist auch keine Präsidentin geworden. Und was ich aus meinem Leben mache, kannst du überhaupt nicht beurteilen.«
b. Sie sind verlegen und sagen nichts. Dann gehen Sie aus dem Raum, um sich zu sammeln. Später ärgern Sie sich noch lange über die Tante und über sich selbst.
d. Sie sagen voller Stolz mit einem breiten Lächeln im Gesicht: »Ja, das hast du ganz richtig erkannt! Ich habe wenig erreicht. Wenn du willst, zeig ich dir, wie das geht. Das kannst du auch schaffen.«

**Die Auswertung:
Schauen Sie mal, in welche Richtung Sie tendieren**

- *Die a-Reaktionen – Die empörte Antwort:* Auf der Beziehungsebene sind diese Reaktionen der Tritt vors Schienbein. Die Giftigkeit nimmt zu. So beginnen Streitereien. Mit der Empörung zeigen Sie Ihrem Gegenüber, wie man Sie in ein Muster verwickeln kann. Der oder die andere weiß jetzt, wo Ihre wunden Punkte sind. Was dabei völlig fehlt, ist das souveräne Drüberstehen.
- *Die b-Reaktionen – Keine erkennbare Abgrenzung:* Da fehlt die klare Unterscheidung: »Das ist meine Angelegenheit, und das ist

deine Angelegenheit.« Weil keine Grenze gezogen wird, ist die Einmischung babyleicht. Eine solide Abgrenzung entsteht durch Selbstvertrauen: »Ich lasse dich deine Sachen machen – und ich vertraue darauf, dass du deinen eigenen Weg findest, das hinzubekommen. Ich mache meine Sachen, und dabei vertraue ich darauf, dass ich meinen eigenen Weg finde, das hinzubekommen.« Niemand muss den anderen beurteilen oder bevormunden. Was andere Leute denken, ist nicht Ihre Angelegenheit.

- *Die c-Reaktionen – Die gesunde Abgrenzung:* Die Abgrenzung geschieht ruhig und klar. Dabei werden manipulative Muster ausgehebelt. Weniger ist mehr. Und um eine Grenze zu ziehen, muss man keinen Staub aufwirbeln. Die selbstsichere Ansage schafft Klarheit, verschlechtert aber nicht die Beziehung. Die Gesprächspartner merken schnell, dass hier jemand ist, der sich nicht vor jeden Karren spannen lässt.
- *Die d-Reaktionen – Das Jauchzen der Schlawiner:* Überraschung! Wer so reagiert, zaubert sich selbst ein Lächeln ins Gesicht. Hier wird nichts ernst genommen. Was als Belastung anfing, wird in eine Comedyshow verwandelt. Ja, die Macken anderer Leute können uns Freude machen, wenn wir sie durch die Schlawinerbrille anschauen.

Freundlich bleiben: Versteckte Häschen

Immer mehr junge Leute zogen in die alten Reihenhäuser ein. Neben dem Ehepaar Kramer wohnte jetzt eine Familie mit zwei kleinen Kindern. Herr Kramer schüttelte den Kopf, als er feststellte, dass es »Ausländer« mit einem unaussprechlichen Nachnamen waren. Auch das noch! Dabei hatte Herr Kramer schon genug Sorgen. Seine Frau war operiert worden. Sie hatte ein neues Hüftgelenk bekommen. Aber damit konnte sie noch nicht richtig laufen.

Nachts fand Frau Kramer keinen Schlaf. Und wenn sie sich tagsüber mal für ein Nickerchen hinlegen wollte, war es zu laut. Da waren diese Kinder von nebenan, die draußen spielten und dabei einen ohrenbetäubenden Lärm veranstalteten.

An einem Sonntagnachmittag platzte Herrn Kramer schließlich der Kragen. Er trat an den Zaun heran, rief den Eltern zu, die Kinder wären zu laut. Der Vater trat auch an den Zaun heran. Seine beiden Kinder, der fünfjährige Tarik und die vierjährige Leyla, standen eingeschüchtert hinter ihm.

Herr Kramer schimpfte gleich los. Es müsse Ruhe herrschen an einem Sonntag, denn in diesem Land sei der Sonntag ein Ruhetag. Und daran müssten sich alle halten, die hier leben. Auch die Ausländer. Der Vater der beiden Kinder schaute den Nachbarn erstaunt an. Dann fragte er: »Warum sind Sie denn so wütend?« Herr Kramer erklärte, dass seine Frau krank wäre. Sie bräuchte endlich ein wenig Ruhe, weil sie nachts nicht schlafen könnte. Der Vater nickte. Er versprach, dass die Kinder heute drinnen weiterspielen.

Es war Tarik, der beschloss, für die kranke Frau ein Geschenk zu basteln. In seiner Kindergruppe hatte er gelernt, wie man ungekochte Nudeln auf einen Faden zieht, so dass daraus eine Halskette wird. Also bastelte er für die kranke Nachbarin eine lange Nudelkette.

Die kleine Leyla wollte auch etwas verschenken. Sie malte ihre Lieblingstiere: kleine Häschen. Aber die sind richtig schwer zu malen.

Zwei Tage später klingelten Tarik und Leyla mit ihrer Mutter bei Herrn Kramer. Sofort überreichte ihm Tarik die Nudelkette. »Die ist für deine kranke Frau. Die hab ich selbst gebastelt«, erklärte Tarik stolz. Auch die kleine Leyla hielt ihr Bild hoch. »Das sind Blumen, und dahinter sind kleine Häschen. Die haben sich hinter den Blumen versteckt.«

Die Mutter der beiden Kinder entschuldigte sich bei Herrn Kramer für die Störung und wünschte seiner Frau noch gute Besserung.

Währenddessen stand Herr Kramer völlig verdutzt im Türrahmen. In der einen Hand hielt er die Nudelkette, in der anderen das Versteckte-Häschen-Bild. Als die Kinder mit ihrer Mutter weggingen, fiel ihm ein, dass er vergessen hatte, sich zu bedanken.

Vier Wochen später konnte Frau Kramer wieder besser laufen. Und Tarik feierte seinen sechsten Geburtstag. Deswegen hatten seine Eltern das Ehepaar Kramer auf ein Stück Kuchen eingeladen. »Na ja, ein Stück Kuchen kann nicht schaden«, meinte Frau Kramer. Und so kam es, dass Herr und Frau Kramer auf der Terrasse ihrer neuen Nachbarn saßen. Der Kuchen schmeckte, der Kaffee auch. Währenddessen tobte eine ganze Kinderschar kreischend durch den Garten. Die Mutter von Tarik und Leyla entschuldigte sich für den Lärm.

Herr Kramer winkte beschwichtigend ab: »Ach, schon gut«, sagte er. »So sind Kinder nun mal.«

Ihre Lizenz zum »Ach was?«

- Augen verdrehen und Kopfschütteln – lassen Sie sich davon nicht provozieren.
- Das Vogelzeigen ist im Grunde harmlos. Jemand tippt sich mit dem Zeigefinger an die Stirn. Ja, da befindet sich der Kopf …
- Wer versucht, Sie mit verächtlichen Gesten anzugreifen, bekommt von Ihnen ein »Ach was?« zu sehen.
- Ihr Gegenüber macht seltsame Zeichen? Fragen Sie den Betreffenden, was er damit sagen will.

Die stummen Zeichen der Missachtung

Bei dir piept's wohl!

Es gibt Redeunfälle, die geschehen wortlos – nur mit Hilfe der Körpersprache. Typisches Beispiel ist das Vogelzeigen, jene »Bei-dir-piept's-wohl«-Geste, bei der sich jemand mit dem Zeigefinger an die Stirn tippt.

Es gibt viele solcher abwertenden, lächerlich machenden Signale. Eines haben sie alle gemeinsam: Auf der anderen Seite muss es jemanden geben, der diese Gesten richtig deutet. Ein Empfänger, der versteht, was damit gemeint ist. Auch dabei kann unsere »Ach-was?«-Haltung eine Erleichterung sein.

Nur wer eine abwertende Geste richtig versteht, fühlt sich angegriffen

Stellen Sie sich vor, Sie würden eine abwertende Geste wie das Vogelzeigen vollkommen anders verstehen, als sie gemeint ist. Sie können dieses Signal der Körpersprache so betrachten, als sähen Sie es zum ersten Mal. Das Vogelzeigen wäre dann für Sie das, was Sie tatsächlich sehen: Jemand schaut Sie an und tippt sich dabei rhythmisch mit dem Finger an die Stirn. Stellen Sie sich vor, Sie hätten keine Ahnung, was das bedeuten soll. Vielleicht will derjenige nur überprüfen, wie stabil sein Schädel ist. Oder der Betreffende will Sie darauf hinweisen, wo er seinen Kopf hat – nämlich da oben. Und schon wäre das Vogelzeigen zu einer harmlosen Geste geworden. Da tippt sich jemand an die eigene Stirn – mehr nicht.

Kurz gesagt: Sie entscheiden, wie Sie die Gebärden verstehen wollen. Wenn mit dem Herumfuchteln Ihres Gegenübers möglicherweise etwas Abwertendes signalisiert wird, können Sie diese Gesten absichtlich falsch verstehen. Sie als Adressat können dem Ganzen eine vollkommen harmlose Bedeutung geben. Damit entschärfen Sie die Attacke Ihres Gegenübers.

»Kein Anschluss unter dieser Nummer«: Die missbilligende Geste und den verächtlichen Gesichtsausdruck – das wollen Sie nicht mehr verstehen.

Es gibt weltweit keine Vorschrift, die besagt, wir müssten jede Geste, jeden Gesichtsausdruck eines anderen Menschen unbedingt in seinem Sinne verstehen. Ja, wenn es nützlich ist, sind Sie daran interessiert, was die andere Person Ihnen sagen will. Dann lohnt es sich, auf diese Signale einzugehen. Ist die Geste aber nur ein unsachlicher Angriff, gilt die Regel: Gib dir keine Mühe, das richtig zu verstehen.

Hier kommen nun die häufigsten abwertenden Gesten, die zu einem Redeunfall führen können. Falls Sie den

Drang verspüren, diese Gesten beim Lesen gleich nachzumachen, dann tun Sie das auf eigenes Risiko. In dem Fall hoffe ich für Sie, dass Sie dieses Buch irgendwo lesen, wo Sie allein sind:

1. Die häufigsten abwertenden Gesten und Gesichtsausdrücke:
    - das verneinende Kopfschütteln, wobei der Kopf mehrmals horizontal hin und her gedreht wird,
    - die wischende Bewegung mit der flachen Hand vor den Augen und der Stirn,
    - das Vogelzeigen mit einem ausgestreckten Zeigefinger, der auf die Stirn tippt,
    - das Hochrollen der Augen,
    - das Verziehen der Mundwinkel nach unten und das gleichzeitige Zusammenziehen der Augenbrauen mit einem Ausdruck von Ekel oder Abscheu,
    - das Kräuseln beziehungsweise Rümpfen der Nase,
    - ein angedeutetes Gähnen, bei dem eine Hand mehrmals kurz zum offenen Mund hin bewegt wird, und
    - das Herausstrecken der Zunge.

2. Die Todesstoßgesten:
    - Eine Hand wird mit ein oder zwei ausgestreckten Fingern an die Stirn gehalten wie eine Pistole, die symbolisch abgedrückt wird.
    - Mit einer Hand wird ein Seil angedeutet, das man sich um den Hals legt, um daran aufgehängt zu werden. Beim Aufhängen bleibt die Hand über

dem Kopf, der Kopf wird schief gehalten, gern auch noch mit halb herausgestreckter Zunge.

3. Gesten, die nicht eindeutig abwertend, aber doch verstörend sind:
   - das absichtliche Aufblähen beider Wangen,
   - das starke Verziehen des geschlossenen Mundes in nur eine Richtung nach unten, ganz nach links oder rechts unten,
   - das übertriebene Aufreißen beider Augen,
   - das lose Fallenlassen des Unterkiefers bei gleichzeitig aufgerissenen Augen,
   - der leicht heruntergezogene Unterkiefer mit gleichzeitig hochgerollten Augen und einer wackelnden Kopfbewegung,
   - das Knackenlassen einzelner Fingergelenke,
   - das Trommeln der Finger auf dem Tisch und
   - das Herunterziehen des Unterlids bei einem Auge.

Wenn die Worte fehlen, spricht die Körpersprache

Bevor wir zu den amüsanten Kontra-Strategien kommen, möchte ich diese Mimik und Gestik für einen Moment ernst nehmen. Denn solche abwertenden Gesten können mitunter wichtige Botschaften transportieren.

Denken Sie beispielsweise an die Menschen, die nie gelernt haben, ihre Kritik sachlich auszudrücken. Oder daran, wie schwer es ist, sich klar und ruhig zu artikulieren, wenn man innerlich auf hundertachtzig ist. Da wird dann ersatzweise gern schon mal die »Plemplem-Wischbewegung« benutzt, um zu sagen: »Hallo, du irrst dich! Das läuft hier völlig falsch!« Deshalb lohnt es sich, solche abwertenden Gesten nicht gleich in die kommunikative Mülltonne zu werfen. Überlegen Sie, ob die Gebärde eine verunglückte Rückmeldung sein könnte. Mein Tipp: Geben Sie Ihren Gesprächspartnern eine faire Chance. Fragen Sie nach, und bitten Sie um eine Erklärung.

> **Wer nicht in Worte fassen kann, was ihn stört, zeigt das oft durch seine Körpersprache.**

Ich möchte Ihnen hier eine sehr einfache Strategie vorstellen, die wie ein Mundöffner funktioniert. Sie sorgen dafür, dass Ihr Gegenüber das in Worte fassen kann, was bisher nur durch seine Körpersprache zum Vorschein kam. Diese Strategie hat gleich zwei Vorteile für Sie.

1. Sie gehen ein wenig auf Distanz und verwickeln sich nicht in die abwertende Körpersprache des anderen.
2. Sie fragen nach und zeigen damit, dass Sie souverän bleiben. Statt in Abwehrhaltung zu gehen, bieten Sie Ihrem Gegenüber ein faires Gespräch an. Sie zeigen diesem Menschen: Mit mir kannst du reden.

**Strategie:
Die Körpersprache hinterfragen**

Ihr Gegenüber zeigt Ihnen eine irritierende, vielleicht sogar verächtliche Körpersprache. Fragen Sie nach, was das zu bedeuten hat. Bleiben Sie dabei sachlich, und verwenden Sie neutrale Worte.

Empfehlenswert sind zwei Sätze – das Ansprechen der Mimik oder Gestik im ersten Satz, im zweiten Satz fügen Sie eine Frage hinzu – :

- Ich sehe, du ziehst die Mundwinkel nach unten. Gibt es etwas, was dich stört?
- Du verdrehst die Augen. Bist du anderer Meinung?
- Du schüttelst den Kopf. Was denkst du darüber?
- Sie zucken mit den Schultern. Was bedeutet das?

Bleiben Sie aufmerksam, und hören Sie gut zu, was Ihr Gesprächspartner Ihnen zu sagen hat. Seien Sie dabei geduldig. Es kann gut sein, dass der Betreffende einen kleinen Anlauf braucht, um die passenden Worte zu finden.

Das wortlose Feedback der gelangweilten Zuhörer

Mit so einer seriösen Gesprächsstrategie sind Sie immer auf der sicheren Seite, und Sie zeigen dem anderen, dass Ihnen die Beziehung respektive der Kontakt wichtig ist. Das ist vor allem im Job beziehungsweise im Business eine solide Vorgehensweise. Sie können die Körpersprache Ihres Gegenübers auch nutzen, um Ihre Arbeit, Ihren Service, Ihre Dienstleistung zu verbessern. Warum das wichtig sein kann, zeigt der folgende Fall.

Lukas ist Experte für Datensicherheit. In dieser Funktion berät er mittelständische Unternehmen. Und er hilft den Firmen, sich gegen Datenklau und Hackerangriffe, gegen Würmer und Trojaner zu schützen. Lukas hat auch die Aufgabe, die Mitarbeiter der jeweiligen Firmen im Umgang mit den neuen Sicherheitsmaßnahmen zu schulen. Das macht er in Vorträgen mit multimedialer Präsentation.

Die Mitarbeiter, die ihm zuhörten, zeigten dabei meistens eine Körpersprache, die Lukas jedes Mal irritierte. Von mir wollte er nun wissen, wie er damit umgehen soll. Als ich nachfragte, welche nonverbalen Signale er bei seinen Zuhörern beobachtete, kam Folgendes heraus: Die Leute schauten anfangs etwas gelangweilt auf ihre Armbanduhren. Einige Mitarbeiter schüttelten demonstrativ den Kopf, andere verdrehten die Augen. Bei seiner letzten Präsentation saß ein älterer Mann direkt vor ihm, der sich fast die ganze Zeit wegdrehte und dabei auf seinem Smartphone herumwischte.

Eigentlich erhoffte sich Lukas von mir ein paar witzige Taktiken gegen diese seltsamen Gesten. Ja, ich habe durchaus einige Kontra-Strategien gegen signalgebende Gebärden im Repertoire. Aber die passen zu einem unsachlichen Angriff.

Hier hatte ich den Verdacht, dass die Zuhörer Lukas gar nicht angreifen wollten. Die Leute hätten ihm wahrscheinlich gern eine Rückmeldung gegeben, offensichtlich kamen sie aber gar nicht erst zu Wort. Lukas redete die ganze Zeit. Er war damit beschäftigt, seine Präsentation frontal abzuwickeln. Und so blieb seinen Zuhörern wohl nur die Möglichkeit, ihm per Mimik und Gestik zu zeigen, wie die Präsentation bei ihnen ankam.

> **Bestimmte Gesten können auch Hilferufe der Gelangweilten sein.**

Zu viele Worte verdecken die wichtige Information

Ich war neugierig und fragte Lukas, was er in seinem Vortrag denn so erzählte. Die Frage habe ich schnell bereut …

Lukas war stolz darauf, dass er in seiner umfangreichen Präsentation genau erklärte, mit welcher raffinierten Technik die meisten Computerangriffe ausgeführt werden. Und ohne Luft zu holen, erklärte er mir die technischen Details der Soft- und Hardware, mit der das verhindert werden konnte. Als ich ihm zuhörte, hätte ich beinah auch die Augen verdreht.

Lukas' Vortrag war zweifellos fachlich brillant, aber viel zu überladen. Ich vermutete, dass die Mimik und Gestik seiner Zuhörer genau das zum Ausdruck bringen wollten. Die Leute signalisierten ihm: »O Mann, ich verstehe nur Bahnhof. Ist das langweilig! Wann hört das endlich auf?«

Viel Gerede erschlägt. Kurze Info-Blöcke mit Zwischenfragen versteht man besser als lange Monologe.

Lukas sprach in einem spezialisierten Fachjargon, und das tat er fast zwei Stunden lang. Das Ganze war für Laien nahezu unverständlich und dauerte viel zu lange. Am Ende erfuhren seine Zuhörer, was sie in Hinblick auf die Datensicherheit künftig tun oder lassen sollten. In diesem Teil seines Vortrags fehlten die praktischen Beispiele, um sich die Maßnahmen besser vorstellen zu können.

Ich schlug Lukas vor, hier keine Kontra-Strategien gegen die Mimik und Gestik seiner Zuhörer einzusetzen. Besser wäre es, wenn er seine Vortragsweise änderte. Statt alles, was er weiß, auf einmal zu erzählen, wäre eine Präsentation in Häppchen hilfreicher. Und nach jedem Häppchen gibt es ein kurzes Gespräch. Durch die Fragen der Zuhörer kann Lukas herausfinden, wie er sich verständlicher auszudrücken vermag, welche Informationen wirklich nützlich sind und an welcher Stelle praktische Beispiele wichtig wären. Jedes Kopfschütteln kann für Lukas eine wichtige Rückmeldung sein. Ein Signal dafür, dass auch seine Zuhörer jetzt »Sendezeit« brauchen, um nachzufragen oder ein Feedback zu geben. So kann er seinen Service verbessern.

Falls Sie auch anderen Menschen eine Dienstleistung anbieten, indem Sie sie beraten oder informieren, brauchen Sie ein Feedback von Ihrem Gegenüber. Die Leute, die von Ihrer Leistung profitieren sollen, können Ihnen wertvolle Tipps geben.

Achten Sie auf die Rückmeldungen, während Sie reden: Ist das, was Sie sagen, für den anderen überhaupt verständlich? Reden Sie zu schnell? Zu leise? Oder mit zu vielen Fachbegriffen?

Strategie:
Die fünf wichtigsten Tipps,
mit denen Sie Ihre Vortragsweise verbessern

1. *Kommen Sie auf den Punkt!* Sagen Sie in kurzen Sätzen, worum es geht. Zeigen Sie, dass Sie einen Ablaufplan, eine Struktur haben, nach dem/der Sie vorgehen.
2. *Sprechen Sie langsam und mit Betonung!* Sorgen Sie dafür, dass Ihre Worte wirklich gehört werden. Nicht den Text »runterrasseln«, sondern deutlich und mit genügend Pausen sprechen.
3. *Kein Fachchinesisch!* Benutzen Sie Worte, die Ihr Gegenüber versteht. Finden Sie für jeden Fachbegriff und für jedes Fremdwort ein passendes Wort aus der Umgangssprache.
4. *Keine Monologe!* Geben Sie Ihrem Gegenüber die nötige »Sendezeit«. Erst wenn der andere redet, können Sie überprüfen, ob der Betreffende Sie verstanden hat.
5. *Seien Sie offen für Kritik:* Lassen Sie sich von Ihren Zuhörern, Ihren Kunden oder Gesprächspartnern sagen, wie Sie Ihre Informationen, Ihre Beratung oder Ihren Service noch einleuchtender rüberbringen können.

Wer die Augen verdreht, darf sofort reden

Einige Monate später erfuhr ich von Lukas, dass er seine Präsentation neu gestaltet hatte. Durch die Rückmeldungen seiner Zuhörer konnte er seinen Vortrag kürzen, und er hatte gelernt, das Ganze verständlicher zu vermitteln. Die Körpersprache seiner Zuhörer ist ihm nun wichtig. Wer die Augen verdreht, darf sofort Fragen stellen oder sagen, was ihn stört. Neuerdings erlebt Lukas am Ende seines Vortrags bei seinen Zuhörern eine für ihn ungewohnte Körpersprache: Die Leute klatschen. Ja, Lukas bekommt Applaus!

Wer lässt sich durch wilde Gesten aus dem Konzept bringen?

Sie müssen nicht immer nachfragen, wenn Ihr Gegenüber die Augen verdreht. Nein, in der Kommunikation gibt es kein Immer und auch kein Muss. Manchmal kann das verständnisvolle Nachfragen auch ungünstig für Sie sein.

> Bei Diskussionen gilt: Lassen Sie sich von den wilden Gesten der Gegenseite nicht aus dem Konzept bringen.

Nehmen wir einmal an, Sie vertreten in einer Diskussion eine klare Meinung und haben dafür auch gute Argumente. Manche Teilnehmer sind ganz anderer Ansicht. Während Sie Ihre Argumentation untermauern, fängt jemand von der Gegenseite an, sich demonstrativ wegzudrehen und mit der Hand eine abschätzige, wegwerfende Geste zu machen. Ein anderer tippt sich auf die Stirn und zeigt Ihnen damit einen Vogel. In solch einer Situation fragen Sie besser nicht nach, was diese Gesten bedeuten. Denn mit einer derartigen Frage könnten Sie sich selbst benachteiligen.

Durch die Frage »Was hat das zu bedeuten?« würden Sie zweierlei zeigen: Sie nehmen diese Gesten ernst, und Sie lassen sich davon beeinflussen. Die Gegenseite lernt jetzt, dass man Sie damit vom Kurs abbringen kann. Statt weiter an Ihrer Argumentation festzuhalten, reden Sie jetzt über die Körpersprache Ihrer Kontrahenten. Da diese Zeichen Sie aus dem Konzept bringen, werden Sie garantiert noch mehr davon zu sehen bekommen. Die abwertenden Gebärden haben somit ihren Zweck erfüllt: Sie wurden unterbrochen, und die Gegenseite hat Aufwind bekommen.

Sie können nicht verhindern, dass Ihr Gegenüber den Kopf schüttelt oder die Augen verdreht. Aber Sie müssen sich davon nicht treffen lassen.

In einer kontroversen Diskussion achten Sie zuerst darauf, dass Sie Ihre Position in Ruhe darlegen können. Während Sie reden, dürfen alle Beteiligten nach Herzenslust wild herumgestikulieren. Das ignorieren Sie. Sie behalten Ihr Ziel im Auge. Das Provozierende, das Unsachliche – egal, ob es sich um Worte oder Gesten handelt – bringt Sie nicht vom Kurs ab. Sie bleiben bei dem, was Sie sagen wollten. Die reizenden nonverbalen Signale der Gegenseite stellen Sie mit einem gelassenen wortlosen »Ach was?« in die Ecke (dazu später mehr).

Wenn du abgelehnt wirst, brauchst du ein dickes Fell

Es gab eine Zeit, in der sich Cornelia viele seltsame Gesten anschauen durfte. Sie war Gleichstellungsbeauftragte. In dieser Funktion sorgte sie unter anderem dafür, dass bei der Besetzung von Leitungspositionen Frauen die gleichen Chancen hatten wie Männer. Damit erntete sie nicht nur Beifall. Gerade zu Beginn ihrer Amtszeit erlebte sie bei vielen männlichen Vorgesetzten eine mehr oder minder deutliche Ablehnung. Zum Beispiel als es um eine frei gewordene Stelle für Elektrotechnik ging. Diese Position musste für beide Geschlechter ausgeschrieben werden: »Es wird eine Elektrotechnikerin/ein Elektrotechniker gesucht.« Immer wenn Cornelia diese korrekte Formulierung einforderte, war sie offiziell im Recht. Das konnten ihre männlichen Gesprächspartner mit Worten nicht ablehnen. Aber dafür quittierten sie es mit einer abfälligen Körpersprache. Die reichte von einem schlichten verneinenden Kopfschütteln bis hin zum genervten Augenverdrehen.

Cornelia begriff schnell, dass sie ein dickes Fell brauchte. Sie lernte, diese nonverbalen Nein-Gesten nicht persönlich zu nehmen. Und sie war selbstsicher genug, um sich ein kleines Späßchen am Rande zu leisten. Manchmal, wenn ihre Gesprächspartner die Mundwinkel nach unten verzogen und den Kopf schüttelten, sagte sie milde: »Oh, ist das Interesse, was ich bei Ihnen sehe? Freut mich, dass mein Vorschlag bei Ihnen ankommt. Wenn Sie möchten, kann ich noch mehr dazu sagen.«

Indem sie so reagierte, zeigte sie ihren Gesprächspartnern indirekt eines deutlich: »Diese ablehnende Körpersprache bringt mich nicht aus dem Konzept.« Im Gegenteil fühlte Cornelia sich dadurch motiviert, noch mehr über das Thema zu reden.

Kein Sitzplatz? Stehen bleiben und Größe zeigen!

Es dauerte nicht lange, und Cornelia sah die ablehnende Körpersprache bei ihren Gesprächspartnern immer seltener. Denn die lernten schnell: Diese Frau lässt sich nicht so leicht aus der Reserve locken. Aber es wurden auch noch härtere Geschütze gegen sie aufgefahren – wahrscheinlich nur, um sie zu testen: In einem wichtigen Meeting sollte es darum gehen, eine frei gewordene Chefposition mit einem Mann oder einer Frau zu besetzen, und Cornelia wurde erst in allerletzter Minute eingeladen. Als sie den Besprechungsraum betrat, waren sämtliche Stühle besetzt. Auf ihre Frage »Wo soll ich sitzen?« reagierte man lediglich mit einem Schulterzucken. Nun richteten sich alle Augen auf sie. Na, was macht die Gleichstellungsbeauftragte jetzt?

So zeigen Sie sich selbstsicher:
- **den Rücken lang machen,**
- **Schultern runter,**
- **ruhiger Blickkontakt,**
- **optimistisches Lächeln.**

Cornelia hätte sich aus dem Nebenraum einen Stuhl holen können. Aber das tat sie nicht. Sie zeigte Größe und blieb stehen. Während sie redete, sah sie auf ihre Gesprächspartner herab. Dabei konnten alle erkennen, dass sie sich über die erhabene Position freute. Mit ihrer eigenen Köpersprache signalisierte sie: »Ich stehe hier! Wie toll ist das denn!«

Bei den nächsten Besprechungen gab es immer einen Sitzplatz für sie.

Sie können jede abwertende Geste einfach übersehen. Sie tun so, als wäre in einem weit entfernten Land ein Besen umgefallen. Ein Vorfall, der Sie nicht interessiert und auf den Sie auch nicht reagieren. Da zeigt Ihnen jemand einen Vogel oder macht diese Wischbewegung vor seinem Gesicht, und von Ihnen kommt – keine Reaktion. Das ist die mühelose Art, das Ganze nicht persönlich zu nehmen. Sie sparen damit viel Energie. Und dieses Energiesparen ist besonders hilfreich, wenn Sie ein klares Ziel vor Augen haben. Sie lassen alles, was jetzt nicht zielführend ist, einfach links liegen.

Positives Umdeuten:
Deine interessante Geste motiviert mich

Jemand, der seine Augen verdreht, die Zunge herausstreckt oder Ihnen den erhobenen Mittelfinger zeigt, will Ihnen ziemlich sicher nichts Nettes mitteilen. Aber wie gesagt: Sie sind die Person, die diese Botschaft dechiffrieren muss. Wenn Sie dem anderen am liebsten eine Torte ins Gesicht werfen möchten, dann haben Sie ihn natürlich richtig verstanden. Leider. Aber Sie könnten viel mehr

Spaß haben, wenn Sie den Betreffenden absichtlich falsch verstünden.

Dieses absichtliche Falschverstehen ist besonders interessant, wenn Sie gerade mit mehreren Leuten zusammen sind, sich also in einer Gruppe befinden. Stellen Sie sich vor, während Sie etwas erzählen, zeigt Ihnen jemand einen Vogel. Alle Leute um Sie herum sind jetzt neugierig, wie Sie damit umgehen. Und Sie wollen nur eins: souverän bleiben. Sie nutzen Ihre Freiheit und verstehen den Vogelzeiger absichtlich falsch. Sie sagen: »Danke für die Rückmeldung! Ja, ich finde auch, dass ich Köpfchen habe. Ich will noch eine interessante Sache erzählen, und zwar ...« Und dann reden Sie weiter, als wäre nichts geschehen. Es ist ja auch nichts passiert. Da hat nur jemand rhythmisch mit seinem Zeigefinger gegen seine Stirn getippt.

Es gibt noch eine andere Umdeutung des Vogelzeigens: »Gut, dass du das überprüfst. Da befindet sich dein Kopf.« Ja, Sie verstehen den anderen absichtlich falsch. Denn das Vogelzeigen richtig zu verstehen würde Sie runterziehen. Und das wollen Sie ja nicht.

Falls Sie noch einen draufsetzen wollen, kommunizieren Sie, dass diese Geste Sie zum Weiterreden animiert. Und deshalb erzählen Sie noch mehr. Hier ein paar Anregungen, wie Sie das in Worte fassen können.

 **Strategie:
Abwertende Gesten positiv umdeuten**

Stellen Sie sich vor, während Sie reden, macht Ihr Gesprächspartner eine abwertende Geste, wie sich symbolisch die Kugel zu geben oder übertrieben zu gähnen. Sie reagieren darauf, indem Sie die Signale absichtlich falsch verstehen und positiv bewerten. Und weil Sie das motiviert, reden Sie gleich noch mehr:

- Ja, da kommt Leben auf! Einige können ihre Hände und Köpfe nicht mehr still halten. Das ist ein gutes Zeichen. Ich möchte diese Lebendigkeit nutzen und noch zwei Anmerkungen machen. Mir geht es darum, dass wir in Zukunft …
- Deine Körpersprache signalisiert mir, dass meine Argumente bei dir gut ankommen. Deshalb möchte ich das Ganze noch weiter ausführen. Ein weiteres Argument lautet …
- Oh, ich sehe bei einigen von euch ein reges Interesse an dem, was ich sage. Weil ihr so interessiert seid, möchte ich mehr dazu sagen. Hintergrund meiner Überlegungen ist …
- Was für eine interessante Geste! Das zeigt mir, wie wichtig meine Worte sind. Deshalb möchte ich meine drei wichtigsten Argumente noch einmal zusammenfassen: …
- Deine Geste sagt mir: Erzähl noch mehr! Genau das mache ich jetzt. Ich fange mit einem wichtigen Punkt an, und zwar …

Ein Zwinkersmiley

Auch bei verächtlichen Gesten können Sie Ihre innere Hochkultur pflegen. Nein, Sie springen nicht in die geistige Gülle, die Ihnen andere Zeitgenossen womöglich anbieten. Einige meiner Strategien sind vielleicht ungewöhnlich oder, wie ich es nenne, kreativ. Aber das ist Absicht. Damit lösen Sie das Muster der Provokation auf. Sie kämpfen nicht, sondern Sie reagieren unvorhersehbar. Und womöglich zaubert Ihnen diese Reaktion sogar ein Zwinkern oder Schmunzeln ins Gesicht.

Mit der folgenden Strategie können Sie auf eine abfällige Körpersprache auch wortlos reagieren. Sie geben Kontra – nur mit Ihrer Gestik und Mimik. Ihre Botschaft lautet auch hier: »Ach was?«

Strategie:
Das wortlose »Ach was?«

Stellen Sie sich vor, jemand macht Ihnen gegenüber mit der flachen Hand vor der Stirn den »Scheibenwischer«. Eine Geste, die Ihnen bedeuten soll: »Du bist ja völlig plemplem.«

Nehmen Sie das Ganze auf die leichte Schulter, und antworten Sie darauf mit einem nonverbalen »Ach was?«. Machen Sie mit, und gönnen Sie sich die Erfahrung. Bringen Sie Ihren Körper in Bewegung, und probieren Sie die folgenden Signale vorher selbst aus. Doch auch wenn es amüsant ist – eine einzige »Ach-was?«-Geste ist im »Ernstfall« völlig ausreichend.

Und so kann es aussehen, das »Ach was?« nur mit Ihrer Körpersprache:

- *Winke, winke!* Sie nehmen eine Hand hoch und machen eine Winkbewegung mit den Fingern.
- *Namaste!* Sie legen bei dieser Grußgeste vor Ihrer Brust beide Innenhandflächen aneinander und verneigen sich leicht.
- *Pfff…!* Sie atmen tief ein und ganz bewusst sehr langsam aus.
- *Schluchz!* Sie knicken den Zeigefinger ein wenig und reiben damit – nur angedeutet – in einem Auge, während Sie ein trauriges Gesicht machen.
- *Schönen Tach noch!* Sie nehmen die flache Hand und machen damit Grußwinken an der Seite Ihrer Stirn, so ähnlich, wie ein Mensch in Uniform grüßen würde.
- *Tadamm!* Sie halten die Arme eng am Körper, heben die Unterarme und öffnen gleichzeitig beide Handflächen

nach oben. So als hätten Sie gerade einen Zaubertrick vollendet.

Und danach ist sofort Schluss. Keine Erklärungen.
....

Bleib unberechenbar
und erlaub dir ein Schmunzeln

Falls Ihnen das stumme »Ach was?« zu still ist, habe ich noch eine wortgewandtere Strategie für Sie. Sie sagen im Prinzip auch nur: »Ach was?« – doch tun Sie das mit mehr Worten. Und dabei lassen Sie es krachen. Nur ein wenig. Und nur damit Sie sich freuen können.

Um es gleich vorweg zu sagen: Keine der nachfolgenden Kontra-Antworten eignet sich für eine ernstgemeinte Diskussion, ein wichtiges Fachgespräch oder eine amtliche Anordnung. Das Ganze ist mehr was für den Freizeit-, Spaß- und Spielbereich. Und für alle, die gern mal den Schlawiner raushängen lassen.

Stellen Sie sich vor, Sie reden mit jemandem, vielleicht auf einer Party. Ihr Gesprächspartner ist nicht ganz Ihrer Meinung und zeigt Ihnen das mit einer Finger-in-den-Hals-Würggebärde. Mehrere Partygäste warten jetzt gespannt darauf, wie Sie reagieren. Es folgen nun ein paar skurrile Kontra-Antworten auf diese abwertende Geste.

**Strategie:
Das Bellen des Bandwurms**

In einem Gespräch mit Ihnen macht Ihr Gegenüber die Finger-in-den-Hals-Würggebärde. Sie kontern mit Worten, zum Beispiel so:

- Suchst du nach deinem Passwort?
- Immer raus damit. Und dann ein Neustart.
- Sieht ja gut aus! Kannst du dazu auch lustige Klingeltöne machen?
- Hauptsache, es macht Spaß und bringt dich weiter.
- Das kenn ich. Das ist immer so, wenn der Bandwurm bellt.
- Komm schon, streng dich an. Das kannst du noch besser.
- Nein, tut mir leid. Ich hab kein sexuelles Interesse an dir.

Da passt es und da nicht

Auch hier können Sie wieder einmal Stroh in Gold verwandeln. Jede verletzende Geste, jeder abwertende Gesichtsausdruck ist eine wunderbare Gelegenheit, um zu trainieren. Sie üben sich in der Kunst des Drüberstehens. Sie kultivieren Ihren Humor und Ihre Kreativität. Ihre Kontra-Strategie bringt Sie in einen guten Zustand. Und von dort aus lassen Sie sich nicht unterbuttern.

Auch diese Strategien haben ihren Einsatzbereich. Dort, wo sie hingehören, verschaffen sie Ihnen die Freiheit, bei dem zu bleiben, was wichtig ist. Doch es gibt wie gesagt auch Situationen, in denen ich davon abraten würde, mit einem Winkewinke zu antworten oder etwas von einem bellenden Bandwurm zu erzählen. Nein, tun Sie das nicht, wenn der Polizist Ihnen einen Strafzettel verpassen will.

Aber überall dort, wo man sich nonverbal über Sie lustig macht – genau dort zeigen Sie mit dem Winkewinke, dass dieses Muster bei Ihnen nicht funktioniert.

Übung:
Das Workout für Ihre Körpersprache
Trainieren Sie Ihre Gestik, Haltung und Mimik

Viele Menschen sind unsicher in Hinblick auf Ihre Mimik und Gestik. Darf man überhaupt mit Händen und Füßen reden? Ja, klar darf man das! Ihr Körper spricht immer. Sie gehen nie ohne Körpersprache aus dem Haus. Also, wenn Ihr Körper schon andauernd mitredet, dann gönnen Sie ihm doch ein wenig mehr Lockerheit.

Mit diesen einfachen Übungen können Sie Ihre Mimik, Ihre Gesten, Ihre Körperhaltung in Form bringen. Machen Sie mit – und probieren Sie aus, was Sie nonverbal alles ausdrücken können. Reden Sie mit Ihrem ganzen Körper:

- *Da bin ich!* Gehen Sie in eine Auftrittspose wie ein Star, der auf die Bühne kommt. Achten Sie auf Ihre Körperhaltung, auf Ihren Gesichtsausdruck und besonders auf Ihre Arme.
- *Gewonnen!* Zeigen Sie Ihre beste Siegerpose. Alle jubeln Ihnen zu. Achten Sie auf Ihre Arme, darauf, wie Ihre Beine stehen, auf Ihre Kopfhaltung und Ihren Gesichtsausdruck.
- *Ich zaubere: Abrakadabra!* Zeigen Sie die passenden Arm- und Handbewegungen. Machen Sie den Gesichtsausdruck, der dazugehört.
- *Pst, ich verrate jetzt ein Geheimnis!* Probieren Sie das im Sitzen. Winken Sie jemanden zu sich heran, und zeigen Sie mit dem Oberkörper, dass es vertraulich wird. Machen Sie dabei den passenden Gesichtsausdruck und die dazugehörige Gestik mit einer Hand.
- *Nein, nein und nochmals nein. Das geht gar nicht.* Machen Sie eine Gestik, mit der Sie deutlich sagen, dass hier Schluss ist. Dass Sie das nicht wollen. Achten Sie dabei auf Ihren Gesichtsausdruck und Ihre Handbewegungen.
- *Mmh! Ich weiß nicht. Ich überlege noch.* Machen Sie einen nach-

denklichen Gesichtsausdruck mit der passenden Gestik und der entsprechenden Kopfhaltung.

- *Ich könnte die ganze Welt umarmen.* Na, dann los. Zeigen Sie den dazugehörigen Gesichtsausdruck, und bewegen Sie Ihre Arme entsprechend. Achten Sie auf die Haltung Ihres gesamten Körpers.
- *Ich bin total verliebt und schwebe auf Wolke sieben.* Drücken Sie das mit Ihrer Körperhaltung, Ihrer Mimik und Ihrer Gestik aus.
- *Null Interesse. Das ist mir so was von egal.* Zeigen Sie das mit Ihrem Gesichtsausdruck und Ihrer Körperhaltung.
- *Strenger Blick: Da hat sich aber jemand danebenbenommen.* Machen Sie das passende Gesicht dazu. Achten Sie darauf, wie Sie Ihren Kopf halten und in welcher Haltung Sie stehen oder sitzen.
- *Nur ein bisschen flirten.* Bringen Sie Ihr Gesicht in eine liebevolle, fröhliche Verfassung. Wie schauen Sie jemanden an, wenn Sie ein klein wenig flirten? Und wen könnten Sie damit überraschen?

Lassen Sie Ihre Körpersprache zu Wort kommen. Wo in Ihrem Alltag könnten Sie die eine oder andere Geste unterbringen?

 **Freundlich bleiben: Macht nix**

Sie fiel mir sofort auf. Von der ersten Minute an wirkte diese Frau auf mich ablehnend. Alle übrigen Teilnehmer des Seminars waren gut gelaunt und interessiert. Aber diese Frau hatte ihre Arme über der Brust verschränkt. Ihr Kopf war gesenkt, so als würde sie ihre Schuhe inspizieren. Die langen Haare fielen ihr ins Gesicht. Ihre ganze Haltung signalisierte: »Ich hab keine Lust. Das ist mir alles zu doof.«

Ich nenne diese Dame hier »Frau Machtnix«. So hieß sie natürlich nicht. Aber der Name hätte gepasst. Sie beteiligte sich nicht am Gespräch im Seminar. Sie lehnte jede Übung ab. Sie saß die ganze Zeit da – ohne eine erkennbare Reaktion. Ihretwegen war ich angespannt und verärgert. Denn ich war mir absolut sicher, dass ihr mein Seminar nicht gefiel. Aber ich hatte Bedenken, sie direkt anzusprechen. Wahrscheinlich würde sie nur schimpfen. Das wollte ich nicht hören, schon wegen der übrigen Teilnehmer. Die anderen wirken zufrieden, machten mit und amüsierten sich. Diese gute Stimmung wollte ich nicht zerstören. Also ließ ich Frau Machtnix da sitzen und behielt sie im Auge. In der Pause war sie immer sofort verschwunden. Und jedes Mal wünschte ich mir dann, dass sie nicht wiederkäme. Das wäre für mich eine Erleichterung gewesen. Aber sie kam wieder und machte … »nix«.

Am Ende des Seminars ging sie nach meinen Abschiedsworten sofort aus dem Raum. Die übrigen Teilnehmer waren von dem Seminartag sehr angetan. Ich wurde gelobt, bekam gute Kritiken. Aber innerlich war ich unzufrieden.

Ich war eine Kommunikationstrainerin, die es nicht geschafft hatte, mit allen zu kommunizieren. Für mich persönlich war das Seminar eine Pleite.

Drei Wochen später fand in der Firma ein weiterer Seminartag mit einem anderen Thema statt. Und nun raten Sie mal, wer da wieder in der Tür stand?

Frau Machtnix setzte sich wortlos hin mit verschränkten Armen und einem Vorhang aus Haaren. Nein, auch dieses Mal machte sie nichts. Und mir war klar: Das wollte ich nicht noch einmal aushalten.

In einer kleinen Pause suchte ich sie. Ich fand sie draußen vor der Tür. Sie steckte sich gerade eine Zigarette in den Mund. Weil ich mich vor ihrer Ablehnung fürchtete, sprach ich sie ganz vorsichtig an: »Entschuldigung. Ich will Sie nicht stören. Mir ist aufgefallen, dass Sie sich nicht so beteiligen wie alle anderen. Ich bin mir nicht sicher, ob Ihnen diese Seminartage überhaupt gefallen.«

Frau Machtnix nahm einen tiefen Zug von ihrer Zigarette. Sie schaute auf den Boden, während sie sagte: »Nee, das ist schon gut so. Ich mach bei so was nicht mit. Die Referenten, die wir früher hatten, die haben sich darüber tierisch aufgeregt. Die haben mich rausgeschmissen, weil ich nicht mitmachen wollte. Aber Sie sind ganz locker. So wie Sie das jetzt machen – das finde ich in Ordnung. Von dem, was Sie erzählen, bleibt bei mir was hängen.«

Verblüfft schaute ich sie an. Ich wusste nicht, was ich sagen sollte. Kein Donnerwetter. Damit hatte ich nicht gerechnet. Frau Machtnix schnipste den Zigarettenstummel in die Botanik und ging in Richtung Tür. Sie drehte sich zu mir um und sagte: »Pause zu Ende! Es geht weiter – oder?«

Ja, es ging weiter. Mir fielen zwanzig Kilo Psychostress

von den Schultern. Was hatte sie zu mir gesagt? Ich wäre ganz locker? Ja, aber erst seit dreißig Sekunden.

Frau Machtnix saß wieder da – genauso wie immer. Und ich? Ich schwebte ganz locker durch den restlichen Seminartag, am Ende verabschiedete ich mich fröhlich von allen Teilnehmern, besonders auch von Frau Machtnix. Mir war klargeworden, dass sie nicht bedrohlich oder ablehnend war. Frau Machtnix war einfach nur sie selbst.

Ich führte noch mehrere Seminare in der Firma durch, und an den meisten nahm Frau Machtnix teil. Sie änderte sich nicht. Immer die gleichen verschränkten Arme und der Vorhang aus Haaren vor ihrem Gesicht. Kein einziges Mal wurde sie aktiv.

Aber *ich* habe mich geändert. Seit diesem Erlebnis starte ich meine Seminare und Workshops immer mit den Worten: »Alle Übungen, die ich Ihnen hier anbiete, sind komplett freiwillig. Es gibt keinen Druck. Sie müssen nicht mitmachen. Für mich ist es vollkommen okay, wenn Sie einfach nur zuhören.«

Ja, mittlerweile sehe ich das ganz locker.

Ihre Lizenz zum »Ach was?«

- Bei einer netten Bissigkeit hören Sie absichtlich nur das Nette. Das Bissige ignorieren Sie.
- Unklare Andeutungen? Nein, Sie wollen nicht zwischen den Zeilen lesen. Sie stellen direkte Fragen.
- Seien Sie frech, und sagen Sie ja zu Ihren angeblich schlechten Seiten.
- Lassen Sie sich durch dramatische Floskeln nicht aus der Ruhe bringen.

Das Bissige kommt auf leisen Sohlen

Die Masken der Bissigkeit

In diesem Kapitel geht es um Bissigkeiten. Das sind zum einen die unterschwelligen, getarnten Bissigkeiten. Bei diesen verbalen Angriffen fällt kein böses Wort, aber wer davon getroffen wird, fühlt sich trotzdem verletzt. Die eigentliche Herabsetzung wird oftmals durch Freundlichkeit oder Komplimente maskiert.

Wir beschäftigen uns auch mit den verbalen Beißattacken, bei denen es ganz unverhohlen ums Schlechtmachen geht. Und das hat einen guten Grund; denn wenn Sie eine unterschwellige Bissigkeit mit einer passenden Kontra-Antwort ausgehebelt haben, kann Ihr Angreifer seinen Kampfstil ändern. Der Betreffende merkt, dass er mit den indirekten Sticheleien bei Ihnen nicht mehr weiterkommt. Und jetzt kann es passieren, dass er Sie ganz offen attackiert. Für beide Angriffsformen – die unterschwelligen und die direkten – finden Sie in diesem Kapitel nützliche Kontra-Strategien.

Da fällt kein böses Wort

Tabea erwartete ihre Schwiegermutter. Die hatte ihren Besuch angekündigt. Mit dieser Frau verstand sich Tabea nicht besonders gut. Die Schwiegermutter war pingelig, achtete auf jedes Detail, vor allem, wenn es um den Haushalt ging. Um der Schwiegermutter keinen Anlass zur Kritik zu geben, hatte Tabea tagelang die Wohnung von oben bis unten geputzt, ein aufwendiges Menü vorbereitet und sich am Besuchstag ein elegantes Kostüm angezogen. Alles schien perfekt.

> **Das Muster des Angriffs: Egal, wie viel Mühe du dir gibst – ich werde mit dir nie zufrieden sein. Und das zeige ich dir immer wieder.**

Die Schwiegermutter klingelte. Tabea und ihr Mann öffneten die Tür, und sie begrüßten einander. Die Schwiegermutter zog ihren Mantel aus, und nachdem sie sich eine Weile umgeschaut hatte, tätschelte sie Tabeas Wange schließlich mit einem süßlichen Lächeln und sagte: »Liebes Kind, ich hätte da einen Vorschlag: Ich mach hier ein bisschen sauber, und in der Zwischenzeit ziehst du dir was Hübsches an.«

Treffer und versenkt! Tabea war natürlich gekränkt und vor allem erst einmal sprachlos.

Da war kein böses Wort gefallen. Das Bissige kam hier auf sehr leisen Sohlen. Für Tabea war das jedoch fast noch schlimmer als eine direkte Beschimpfung. Sie konnte einfach kein Kontra geben, denn die Schwiegermutter wäscht ihr Mundwerk in Unschuld. Was hatte sie denn Böses gesagt? Nichts. Im Gegenteil. Die Schwiegermutter wollte sich nützlich machen, hat sogar ihre Hilfe angeboten. Und damit setzte sie Tabea schachmatt.

Ja, auch dafür habe ich eine Kontra-Strategie entwickelt. Sogar eine, die Spaß macht. Bevor wir uns diese Strategie anschauen, lassen Sie uns die unterschwellige Bissigkeit der Schwiegermutter noch etwas genauer betrachten. Denn sie ist ein Kunstwerk.

Um ehrlich zu sein: Als Kommunikationsexpertin bin ich entzückt. Eine Attacke so zu verpacken, dass das Opfer praktisch wehrlos ist, weil der Angriff nett und liebevoll zu sein scheint – das ist eine Meisterleistung. Und vor so viel rhetorischer Raffinesse ziehe ich meinen Hut. Dennoch: Wer davon getroffen wird, hat es oft schwer, sich dagegen zu wehren.

Zum Abgewöhnen: nicht mehr auf der Lauer liegen und die indirekten Sticheleien heraushören.

Wer die Nachtigall trapsen hört, der hört zu viel

In dem geschilderten Beispiel geraten zwei Frauen aneinander. Das ist kein Zufall. Nach meinen Erfahrungen neigen Frauen viel mehr als Männer dazu, sich von unterschwelligen Bissigkeiten gekränkt zu fühlen. Frauen hören eher die Nachtigall trapsen. Sie können besser zwischen den Zeilen lesen. Eine Frau kann die vermutlich unschuldige Feststellung »Hallo, gut siehst du aus; stehen dir prima, die paar Pfund mehr« als eine Kränkung auffassen. Wenn Sie einen Mann mit den Worten »Hast du etwas zugenommen?« angreifen wollen, kann es Ihnen passieren, dass er fröhlich auf seinen Bauch klopft und sagt: »Jawohl! Dieses pralle Meisterwerk wurde mit viel Bier geschaffen.«

Mit dieser Einstellung lässt sich das Angriffsmuster aushebeln:
- **Deine Anerkennung brauche ich nicht.**
- **Ich achte und wertschätze mich selbst.**

Dabei kann man es als eine echte Kompetenz auffassen, unterschwellige Bissigkeiten herauszuhören. Die Person, die das Kränkende aus all den netten Worten herausfiltert, die vollbringt gewissermaßen eine Super-Sonder-Filter-Leistung. Leider ist es genau diese Super-Sonder-Filter-Leistung, die den Angriff überhaupt erst möglich macht. Um es ganz deutlich zu sagen: Wer sich durch eine unterschwellige Bissigkeit verletzt fühlt, der hat sich im Gespräch zu viel Mühe geben. Zu viel gefiltert, zu viel herausgehört, zu sehr auf der Lauer gelegen.

Das Unterschwellige
kommt nicht mehr an

Das einfache Gegenmittel lautet: nichts mehr filtern. Nicht mehr innerlich auf der Lauer liegen. Die eigene Kompetenz nicht vergeuden. Die unterschwelligen Bissigkeiten überhören. Deutlicher ausgedrückt: sich mehr Gelassenheit gönnen.

Stellen wir uns vor, Tabea hätte sich um hundertachtzig Grad gedreht. Sie versucht nun nicht mehr, einen guten Eindruck zu machen, um von der Schwiegermutter mehr Anerkennung zu bekommen. Ja, davon hat sich Tabea befreit. Sie versucht auch nicht mehr, mögliche Spitzen herauszuhören. Ob Ihre Schwiegermutter sie mag oder nicht, das quittiert Tabea mit einem »Ach was?«.

Wie würde eine souveräne Tabea reagieren? Begeben wir uns noch einmal in die besagte Situation. Die Schwiegermutter kommt zu Besuch und säuselt in süßlichem Tonfall: »Liebes Kind, ich hätte da einen Vorschlag: Ich mach hier ein bisschen sauber, und in der Zwischenzeit ziehst du dir was Hübsches an.«

Jetzt kann Tabea ihr locker antworten: »Ach, das ist ja lieb von dir! Wenn du magst, kannst du die Küchenschränke auswischen. Die Putzsachen stehen unter der Spüle. In der Zwischenzeit zieh ich das teure Kostüm aus und schlüpf in meine bequemen Joggingsachen. Fang ruhig schon mal an. Ich komm gleich wieder.«

Tabea könnte auch »sachlich« reagieren, etwa so: »Oh, wie nett! Aber die Wohnung ist schon geputzt, und ich trage bereits hübsche Sachen. Trotzdem vielen Dank für dein Angebot.«

Mit ihren Antworten zeigt sie ganz deutlich: Verdeckte Bissigkeiten kommen bei ihr nicht an. Das alte, kränkende Muster »Du bist eine schlechte Hausfrau und eine miese Schwiegertochter« wurde ausgehebelt.

Nimm es so, wie es gesagt wurde

Solche Attacken greifen nur, wenn der Adressat verstimmt oder gekränkt auf das Geäußerte reagiert. Ein Trick, um dieses Muster zu unterlaufen, funktioniert folgendermaßen: alles so nehmen, wie es gesagt wurde. Ganz wörtlich. Und dann darauf antworten.

Lassen Sie uns das noch einmal durchspielen. Hier kommen ein paar mehr oder weniger unterschwellige Bissigkeiten beziehungsweise ironische Bemerkungen. Aber zur Abwechslung gibt es keine Super-Sonder-Filter-Leistung, sondern wir verstehen alles wortwörtlich:

- *Bemerkung:* »Hallo, gut siehst du aus; stehen dir prima, die paar Pfunde mehr.« *Kontra-Antwort:* »Ja, das ging schon kurz nach meiner Geburt los. Seitdem habe ich einiges zugenommen.«
- *Bemerkung:* »Du weißt immer alles (besser). Du bist echt wahnsinnig intelligent!« *Kontra-Antwort:* »Finde ich auch. Freut mich, dass du das gemerkt hast.«
- *Bemerkung:* »Oh, interessantes Outfit. Das passt sicher gut zu Halloween.« *Kontra-Antwort:* »Echt? Das wäre ja nur ein Tag im Jahr. Das hier zieh ich auch an anderen Tagen an. Heute zum Beispiel.«

Diese Kontra-Antworten zeigen dem Angreifer: »Kein Treffer gelandet.« Und genau das macht die Spitze wirkungslos.

Hol die Heckenschützen aus der Deckung

Wer seine Mitmenschen mit unterschwelligen Bissigkeiten attackiert, der will als offener Kritiker nicht erkannt werden. Diese Person geht rhetorisch in Deckung und versteckt sich verbal hinter der Hecke. Aber Sie können den »Täter« oder die »Täterin« leicht enttarnen.

Fragen sind das beste Mittel, um einen Heckenschützen zu entlarven. Fragen Sie, was die Bemerkung bedeuten soll. Was will Ihnen Ihr Gegenüber damit sagen? Jetzt haben Sie hinter die Hecke geschaut. Was versteckt sich da?

Lassen Sie uns das praktisch durchspielen. Kommen wir noch einmal auf Tabeas Schwiegermutter zurück. Durch direktes Nachfragen kann Tabea sie aus der Deckung holen, etwa mit diesen Fragen:

- Du möchtest hier ein bisschen sauber machen. Weshalb willst du das denn tun?
- Ich soll mir was Hübsches anziehen? Was gefällt dir an meiner Kleidung nicht?

Durch diese Taktik verschafft sich Tabea gleich zwei strategische Vorteile. Erstens muss sie nicht direkt auf die unterschwellige Anspielung reagieren, wie die Schwiegermutter das erwartet hat. Indem sie eine Frage stellt, verschafft sie sich Zeit zum Nachdenken. Zweitens macht sie es der Schwiegermutter ein wenig ungemütlich. Durch ihre Fragen bringt sie das ans Licht, was eigentlich verdeckt ablaufen sollte.

> **Fragen Sie
> Ihren Gesprächspartner,
> was er Ihnen
> mit den Andeutungen
> sagen will.**

Nun wird ihre Schwiegermutter vielleicht behaupten, alles wäre nur nett gemeint. Gut. In dem Fall kann sich Tabea für das freundliche Angebot bedanken. Oder die Schwiegermutter redet jetzt Klartext. Sie sagt deutlich, womit sie unzufrieden ist. Dann wissen alle Beteiligten, woran sie sind. So kommt das Unterschwellige offen auf den Tisch des Hauses. Und darüber kann man diskutieren.

War alles nur ein Missverständnis?

Der ganz große Vorteil des Nachfragens besteht aber auch darin, dass Sie damit gegebenenfalls Missverständnisse ausräumen können.

Vielleicht haben Sie eine Spitze dort herausgehört, wo nur ein gedankenlos-harmloses Geplapper stattfand. Ihr Gegenüber hat so geredet, wie ihm der Schnabel gewachsen ist. Aber leider haben Sie da etwas in den falschen Hals gekriegt. Das kommt vor.

Bevor Sie jetzt ein Arsenal an Kontra-Strategien abfeuern, lohnt es sich, kurz nachzufragen: »Wie hast du das gemeint?« Simples Nachfragen – damit lassen sich Missverständnisse schnell aufklären.

Um die Strategie des Nachfragens offensiv einzusetzen, kann es durchaus hilfreich sein, wenn Sie sich dabei ein wenig dümmer geben, als Sie sind. Tun Sie so, als wüssten Sie nicht, wie die Bemerkung gemeint ist: Nein, zwischen den Zeilen können Sie aber auch gar nichts heraushören. Alles Unterschwellige verstehen Sie nicht. Und jetzt fragen Sie nach, was das bedeuten soll.

 **Strategie:
Sag mir, wie du das gemeint hast**

Statt auf eine unterschwellige Bissigkeit zu antworten, fragen Sie nach, was der andere Ihnen eigentlich sagen will.

Unterschwellige Bissigkeit: »Gut siehst du aus! Und dabei bist du immer so authentisch. Man sieht deutlich, dass du mit dem Thema Fettverbrennung nichts am Hut hast.«

Fragen Sie nach, um das Unterschwellige aufzudecken:

- Warum sagst du mir das?
- Was möchtest du bei mir erreichen?
- Verstehe ich nicht. Was willst du mir damit sagen?
- Vielleicht habe ich mich verhört. Willst du mich angreifen? Oder soll das ein Kompliment sein?
- Interessant. Ich verstehe nur nicht, was *du* damit zu tun hast. Weshalb erzählst du mir das?
- Gibt es etwas, was du mir sagen willst?

Hören Sie zu, was Ihr Gegenüber Ihnen mitzuteilen hat. Und falls Sie weiterhin unterschwellige Bissigkeiten zu hören bekommen, können Sie das Fragespiel sehr weit ausdehnen. Dabei zeigen Sie Ihrem Counterpart wieder und wieder, dass das Indirekte bei Ihnen nicht ankommt. So machen Sie das Muster wirkungslos. Aber natürlich können Sie den ganzen Spuk auch mit einem schönen »Ach was?« oder einem gepflegten Themenwechsel beenden.

Die Suche nach dem Körnchen Wahrheit

Aber wie reagieren Sie, wenn der schlimmste Fall eintritt? Wenn Ihr Gegenüber durch Ihre Fragen deutlicher wird und Sie direkt attackiert? Was antworten Sie, wenn der Betreffende Ihnen klipp und klar sagt, Sie seien fehlerhaft, unsympathisch, schlampig, faul, inkompetent und so weiter?

Ich empfehle Ihnen, eine kurze Pause zu machen, bevor Sie reagieren. Niemand zwingt Sie, schnell wie aus der Pistole geschossen zu antworten. Baff zu sein – das ist Ihr gutes Recht.

Jetzt mal Hand aufs Herz. Hat Ihr Gegenüber einen Grund, Sie zu attackieren? Gut möglich, dass dieser Mensch Ihnen ein wichtiges Feedback geben will. Oder wie ich es gern formuliere: Auch in einer verbalen Attacke könnte etwas Nützliches drinstecken. Vielleicht kann sich Ihr Gesprächspartner im Moment nur angriffslustig und unsachlich ausdrücken. Aber eigentlich will er Ihnen sagen, was ihn stört, was er sich von Ihnen wünscht.

Viele lautstarke Streitereien in Beziehungen laufen nach diesem Muster ab. Beide Partner lassen heftige verbale Angriffe vom Stapel – und darunter verstecken sie ihre unausgesprochenen Wünsche, die aufgestauten Störungsmeldungen und alte Enttäuschungen. Eigentlich hätten sich beide Partner etwas Wichtiges zu sagen. Aber im Eifer des Gefechts greifen sie sich gegenseitig an. Und dabei fühlt sich jeder vom anderen falsch verstanden.

> **Ihr Ärger verschärft Ihren Tonfall und Ihre Wortwahl. Beruhigen Sie sich, bevor Sie Ihrem Gegenüber sagen, was Sie stört.**

Weil Menschen, die aufgebracht sind, sich häufig unsachlich ausdrücken, lohnt es sich, das Gefecht zu unterbrechen. Bevor Sie Kontra geben, prüfen Sie, ob ein Körnchen brauchbare Wahrheit in der Attacke steckt. Wenn ja, dann seien Sie gesprächsbereit. Verwenden Sie keine Kontra-Strategie. Reden Sie mit Ihrem Gegenüber unter vier Augen, und bitten Sie um mehr Informationen.

Es gibt aber noch eine andere Strategie. Ich treffe selten Menschen, die so gelassen mit dem umgehen, was man üblicherweise eine Schwäche, eine Macke oder eine Unvollkommenheit nennen würde, wie dies in folgendem Beispiel geschah.

Der Sternennebel im Gerümpel

In einem Firmenseminar saß ein Physiker, mit dem ich in der Pause ein wenig geplaudert hatte. Dabei sprachen wir über sein Hobby, die Astronomie. Er erzählte mir von einem wunderschönen weit entfernten Sternennebel. Ich war völlig fasziniert. Ein Bild dieses Sternennebels hatte er als Hintergrundbild auf seinem Computerbildschirm.

Am Ende des Seminars sind wir in sein Büro gegangen, damit ich mir das Bild vom Sternennebel anschauen konnte. Sein Büro hat mich geschockt. Es war das unordentlichste, vollgerümpeltste Büro, das ich je gesehen hatte. Der Raum war ziemlich groß, aber jeder Zentimeter der Wand war vollgestapelt mit Büchern, Papieren, Ordnern, Zeichnungen und Kartons. Große Teile des Fußbodens waren mit Unterlagen bedeckt. Der Schreibtisch war ebenfalls unter Papieren und Büchern begraben. Nur der Computerbildschirm mit dem wunderschönen Sternennebel war deutlich erkennbar.

Alles, was ich in dem Moment sagen konnte, war: »O du mein Güte! Wie sieht es denn hier aus?!« Die Worte kamen ganz von selbst aus meinem Mund.

Wenn Sie mit Ihrer Art zu leben komplett einverstanden sind, kann man Sie deswegen nicht mehr kleinmachen.

Der Physiker zeigte mit einer Hand im Raum herum und sagte lächelnd: »Es hat Jahre gedauert, um das so hinzubekommen.«

Seine Antwort verblüffte mich.

Ich hatte erwartet, dass er so reagierte wie die meisten Menschen. Dass er sich für die Unordnung entschuldigt, etwas von einer Putzkraft erzählt, die noch nicht da war, oder dass er ein Problem damit habe, Dinge wegzuwerfen. Nichts davon.

Er war mit dem Ordnungssystem in seinem Büro, das wahrscheinlich auf der Chaostheorie basierte, ganz und gar einverstanden. Er war sogar ein wenig stolz darauf.

Diese Reaktion hat mich überrascht. Damit hatte ich überhaupt nicht gerechnet. Und gleichzeitig musste ich lächeln.

Damit hatte ich eine neue Antwortstrategie gegen das Schlechtmachen in freier Wildbahn erwischt. Ich habe an dieser Strategie herumgefeilt und das Ganze immer wieder in meinen Trainingsseminaren ausprobiert. Daraus wurde eine Kontra-Strategie, mit der Sie Ihre angeblichen Macken und Schwächen in ein positives Licht tauchen können. Wer Sie schlechtmachen will, beißt sich an Ihnen die Zähne aus.

 **Strategie:
Ja, dazu stehe ich**

Statt das Schlechtmachen und die negativen Unterstellungen abzuwehren, reagieren Sie unerwartet. Sie machen das Schlechte zu einer Siegertrophäe. Ja, dafür haben Sie sogar extra geübt. Und am Ende behaupten Sie ganz optimistisch, dass Ihr Gegenüber sich auch in diese Richtung entwickeln könnte. Die Siegertrophäe, die Sie dabei hochhalten können, besteht aus drei Aussagen:

1. Sie sagen ja zu der angeblich negativen Eigenschaft.
2. Sie betonen, dass Sie das extra geübt/trainiert/sich angewöhnt haben.
3. Das Gleiche empfehlen Sie auch Ihrem Gegenüber.

Hier einige praktische Beispiele:

- *Angriff:* »Weißt du, was dein Problem ist? Du hast überhaupt keinen Ehrgeiz. Du bist richtig faul.« *Kontra-Antwort:* »Gut, dass du das gemerkt hast. Ich habe lange gebraucht, um vom Ehrgeiz wegzukommen. Das kannst du auch schaffen.«
- *Angriff:* »Ich verstehe überhaupt nicht, wie du dermaßen schlampig sein kannst.« *Kontra-Antwort:* »Gut erkannt! Das hab ich sehr lange geübt. Ich kann dir zeigen, wie das geht.«
- *Angriff:* »Keiner mag dich. Ich weiß nicht, wie du damit leben kannst.« *Kontra-Antwort:* »Früher hat mir das was ausgemacht. Aber ich habe mich geändert. Mittlerweile

geht es mir richtig gut damit. Das wäre doch auch was für dich!«
- *Angriff:* »Hör doch mal auf, einen Narren aus dir zu machen. Du wirkst total lächerlich.« *Kontra-Antwort:* »Ja, ist das nicht toll?! Ich habe lange gebraucht, um mich in diese Richtung zu entwickeln. Mit ein wenig Training kannst du auch lächerlich wirken.«

....

Deine andere Seite gehört auch dazu

Manche behaupten, diese Strategie sei ein wenig frech. Ja, stimmt. Aber diese Frechheit gönnen Sie sich. Vor allem wenn Ihr Gegenüber ins niedrige Niveau gerutscht ist und mit dem Schlechtmachen angefangen hat. Aber unterschätzen Sie diese Strategie nicht. In ihr steckt auch viel Weisheit.

Obwohl sie etwas Belustigendes hat, steckt in den Antworten ein wichtiges Bekenntnis: Sie sagen ja zu der anderen Seite des Lebens. Schließlich braucht jedes Yin auch ein Yang. Zu jedem Einatmen gehört ein Ausatmen. Jede Batterie hat einen Plus- und einen Minuspol. Diese Gegensatzpaare gehören zusammen. Das Leben besteht immer aus beiden Seiten.

Vielleicht ist Ihre angeblich schlechte Eigenschaft einfach nur die andere Seite, die dazugehört, damit Sie ausgeglichen leben können. Wenn Sie also antworten: »Ich habe lange gebraucht, um vom Ehrgeiz wegzukommen. Das kannst du auch schaffen«, dann ist dies nicht nur ein Witz. Es ist auch die Erkenntnis, dass es immer eine andere Seite gibt, die auch ins Leben integriert sein will.

»Wie kann man nur …?« oder: Die Empörung aus der Konserve

Eine weitere Art, Kritik nicht direkt und konstruktiv zu äußern, ist die Verwendung von Stereotypen. »Ich krieg hier gleich die Krise! Sag mal, musste das sein?« Das ist eine der Phrasen oder Worthülsen, die gern benutzt werden, um Empörung auszudrücken. Damit haben diese Floskeln durchaus ein Angriffspotenzial. Sie ziehen nach unten und sind die Startsequenz für ein missbilligendes Muster.

Diese Anwürfe machen es schwer, ein vernünftiges Gespräch zu führen. Wir hören: »Sag mal, musste das sein?«, und schon gehen wir in Abwehrhaltung. Damit beginnen Redeunfälle.

Hier eine Auswahl solcher Floskeln und Phrasen, die reizend oder sogar direkt bissig sind:

- Du bist ja wohl von allen guten Geistern verlassen.
- Ich fasse es nicht! Wie kann man nur …?
- Hast du sie noch alle?
- Ich glaub, ich steh im Wald!
- Ich glaub, mein Schwein pfeift!
- Ich hab gleich gewusst – das wird nichts. Das geht in die Hose.
- Was du da schon wieder verzapft hast – das hältste ja im Kopf nicht aus.
- Ich weiß nicht, welcher Teufel dich da geritten hat.
- Sag mal, merkst du überhaupt nichts mehr?
- Was bildest du dir nur wieder ein?
- Wie kommst du nur auf solche Ideen?
- Von wegen – das schaff ich! Du erzählst viel, wenn der Tag lang ist.

Diese Phrasen und Floskeln sind wie Warndreiecke, die Ihnen zeigen: *Achtung, hier besonders vorsichtig sein!*

Ihr Gegenüber bietet Ihnen eine Portion Aufregung und Empörung an. Wenn Sie diese Gefühle übernehmen und sich auch aufregen, kann es für beide schmerzhaft werden. Um das zu verhindern, lassen Sie die Aufregung dort, wo sie entstanden ist – beim anderen. Mit ein wenig Übung können Sie lernen, wie Sie »clean« bleiben. Sie hören eine dieser Warndreiecks-Floskeln, und Sie wissen, was zu tun ist: *Achtung! Hier droht ein Redeunfall. Ruhig bleiben und Abstand halten.*

Gewöhnen Sie sich an, innerlich einen Schritt zurückzutreten, wenn Ihr Gegenüber sein verbales Warndreieck aufstellt.

Jede Aufregungs-Empörungs-Floskel, die man Ihnen an den Kopf wirft, können Sie benutzen, um tief durchzuatmen. Statt aufgeregt darauf zu reagieren, bleiben Sie in Ihrer inneren Mitte. Sie lassen sich nicht mitreißen. Alles, was Ihr Gegenüber sagt, hören Sie sich in Ruhe an. Sie bleiben in Ihrem gut abgegrenzten Zustand. Von dort aus können Sie mit wohlüberlegten Worten ein vernünftiges Gespräch in Gang setzen.

»Was macht eine Blondine, wenn der Computer brennt?«

Es gibt Witze, die unterschwellig bissig sind. Dabei wird keiner der Anwesenden direkt lächerlich gemacht. Aber eine ganze Gruppe von Menschen wird durch diese Witze herabgesetzt. Und jeder im Raum weiß, wer von den Anwesenden zu dieser Gruppe gehört und über wen man sich gerade lustig macht.

Das sind zum Beispiel Scherze über diverse Glaubensrichtungen, über Leute aus bestimmten Regionen eines

Landes oder über Menschen, die eine andere Hautfarbe haben. Wer von solch einem üblen Scherz gebissen wird, glaubt, sich meist kaum dagegen wehren zu können. Denn offiziell heißt es etwa: »Das war doch nur ein Witz. Sei keine Spaßbremse.«

Katja zum Beispiel ließ sich normalerweise durch nichts aus der Ruhe bringen. Sie war eine starke Vertreterin der drei K: In ihrem Job war sie klar, kompetent und korrekt. Aber da gab es einen Kollegen, der ihr regelmäßig auf die Nerven ging. Und obwohl Katja eine solide Autorität ausstrahlte, schaffte es dieser Mann, sie auf die Palme zu bringen – mit dämlichen Witzen. Und das wurmte sie.

Wenn Sie oder ein anderer Mensch durch einen Witz gequält wird – nicht mitlachen!

Er hielt sich für unwiderstehlich. Schon deshalb ignorierte Katja ihn. In ihren Augen war er ein Blender, ein Möchtegern-Womanizer. Mehr als ein »Guten Morgen« bekam er von Katja üblicherweise denn auch nie zu hören. Aber so wenig Beachtung vonseiten einer starken Frau – das schien ihn zu reizen. Der Blender holte einmal mehr seine Geheimwaffe heraus, mit der er Katja bisher jedes Mal aus der Reserve gelockt hatte: Er erzählte einen Blondinenwitz, und zwar einen von der platten Sorte: »Was macht eine Blondine, wenn der Computer brennt? – Sie drückt die Löschtaste.« Ja, Katja war blond. Und sie sprang darauf an. Das Muster funktionierte bei ihr.

Leider schenkte sie diesen provokanten Witzen und Anspielungen viel zu viel Aufmerksamkeit. Sie reagierte empört, schimpfte über seine diskriminierenden und sexistischen Scherze – und genau das brachte dem Witzbold sein gewünschtes Scheinwerferlicht. Mit einem süffisanten Lächeln sagte er zu Katja: »Oh, was sind wir heute wieder blond! Wahrscheinlich hast du eine schlechte Nacht gehabt. Das könnte ich ändern.«

Als Katja an meinem Kommunikationstraining teilnahm, wollte sie nur eins: Rache! Sie wollte diesen Typen endlich mal kleinkriegen. Sie wollte so heftig Kontra geben, dass ihm »sein schmieriges Grinsen vergeht« (O-Ton Katja). Und ich sollte ihr das passende Werkzeug dafür liefern.

Nein, Rache ist keine Lebenshaltung, die ich vertreten kann. In der Rache steckt null komma null Weisheit. Wer sich rächen will, wurde von der Niveaulosigkeit des Angreifers angesteckt. Und wer von einem niedrigen Niveau aus denkt und handelt, der rutscht immer weiter nach unten. Dort, ganz weit unten, landet man in den dunklen Gefilden, in denen es keinerlei Vernunft gibt.

Rache ist fortgesetzte Ohnmacht.

Das Ausgeliefertsein beenden

Für mich ist es jedes Mal eine Herausforderung, dem Wunsch nach Rache etwas Erhebendes entgegenzusetzen. Etwas, was innerlich stärkt und äußerlich entlastet. Wer von so einem bissigen Witz verletzt wurde, braucht vor allem Zugang zu seinen Ressourcen und zu seiner Hochkultur.

Katjas Wunsch, sich zu rächen, entstand aus ihrer Ohnmacht. Wie bei vielen Menschen, die durch Redeunfälle verletzt werden, ist der Anlass eher Nebensache. Die wirkliche Qual entsteht durch das Ausgeliefertsein. Sich nicht wehren zu können – das ist die größte Verletzung.

Immer wieder das Opfer von diesem Blender zu sein – das hat Katja am meisten geärgert. Ihre Rachegelüste verschwanden erst, als sie ihren Humor wiederentdeckt hatte. Als sie wieder lachen konnte, merkte sie, dass sie aus einer Mücke einen Elefanten gemacht hatte. Sie hatte die Blondinenwitze auf ihr Hoheitsgebiet gelassen, sich darüber geärgert und nach einer harten Retourkutsche gesucht. Das war viel zu viel. Sie hat sich zu viel Mühe gegeben.

Denken Sie an witzige Spielfilme oder Sitcoms. Die Figuren erleben eine Menge Turbulenzen und Streitigkeiten. Aber durch ihren amüsanten Umgang damit werden sie für uns Zuschauer zu Helden und Heldinnen. Wir lieben es, wenn ein Schwächling, der immer gemobbt und unterdrückt wird, am Ende gewinnt – durch eine listige Aktion. Solange unser »Antiheld« seine Witze reißt, ist er immer noch obenauf und letztendlich nicht besiegt worden.

Humor ist die Kunst des Leichtnehmens. In dem Moment, in dem Katja ihren Humor wiederentdeckte, lösten sich ihre Rachegelüste auf. Sie konnte aufhören, sich auf den Witzbold zu fixieren. Was er sagte und welche Witze er riss, das war nun seine Angelegenheit. Und Katja musste das Ganze nicht zu ihrer Sache machen. Jetzt konnte sie sich mehr um das kümmern, was ihr Spaß macht. Katja schaute mehr auf sich als auf den Witzbold. Und ihr eigenes

Lachen wurde für sie die Priorität Nummer eins. Dabei gilt die Regel: Die Kontra-Antwort, bei der Katja lacht, ist die passende für sie.

> **Kultivieren Sie Ihren Leichtsinn. Das verkrustete Blabla anderer lösen Sie am besten mit Ihrem Humor.**

Selbst lachen – viel besser als Rache

Wenn Katja lacht, können Wunder geschehen. Wenn sie lacht, ist sie innerlich mit ihrer Leichtigkeit, mit ihrem weiten Herzen verbunden. Ihr Lachen ist der Zugang zu ihrem Reservoir von Freiheit und innerer Stärke. Mein Job ist es, Katja – und allen anderen, die mehr Leichtigkeit brauchen – viele heitere Kontra-Antworten vorzulegen.

Bei einer solchen Aufgabe nutze ich immer die Kreativität meiner Teilnehmer. Die Leute, die meine Seminare besuchen, sind von Haus aus humorvoll. Auch in diesem Fall kamen die besten Kontra-Antworten von den anderen Teilnehmern.

Während Sie die nachfolgenden Antworten lesen, nehmen Sie bewusst wahr, bei welcher Sie schmunzeln. Genau diese Erwiderung stärkt Sie und verbindet Sie mit Ihren Ressourcen. Bei der nächsten Bissigkeit können Sie sich damit ein Lächeln ins Gesicht zaubern.

Schauen wir uns noch einmal den Blondinenwitz des

Blenders an: »Was macht eine Blondine, wenn der Computer brennt? – Sie drückt die Löschtaste.«

Hier kommt eine Auswahl zum Schmunzeln animierender Kontra-Antworten:

- Jetzt mal ehrlich! Bist du ein Zeitreisender aus der Steinzeit?
- Du bist zweifellos der Herrscher einer besonderen Welt, zu der mein Verstand keinen Zutritt hat.
- Darüber lache ich morgen, so gegen halb neun.
- Ja, wie meine Oma schon sagte: »Nur wer zickzack denkt, weiß, wie der Hase läuft.«
- Oh, ich bewundere deinen Wortsalat.
- Ach, wenn ich könnte, würde ich jetzt »Born to be wild« auf meiner Triangel spielen.
- Tut mir leid, mein Spaßmessgerät zeigt da gar keinen Ausschlag.
- »Schön, dich zu treffen!«, sagt der Hammer zum Daumen.

Bei der letzten Kontra-Antwort – die mit dem Hammer und dem Daumen – lächelte Katja. Eigentlich fand sie den Spruch ziemlich albern. Aber genau dieses Alberne hat ihr bisher gefehlt. Sie war viel zu sehr damit beschäftigt, den Witzbold und seine Sprüche ernst zu nehmen. Jetzt meldete sich ihre eigene Albernheit. Damit begann für sie der Spaß. Die alberne Antwort hat sie sich gemerkt.

Selbst lachen – viel besser als Rache

Bei der nächsten Begegnung mit dem Blender bekam Katja – wie gewohnt – einen Blondinenwitz zu hören. Aber dieses Mal war alles anders.

Katja hatte sich schon in Position gebracht und wollte ihre Antwort vom Stapel lassen. Noch bevor sie loslegen konnte, begann sie zu lachen. Sie fing zwei-, dreimal an, kam aber immer nur bis zum »Schön, dich zu treffen …«. Der Rest von dem Spruch – das mit dem Hammer und dem Daumen – ging in ihrem Lachen unter. Der Blender verstand die Welt nicht mehr. Er murmelte etwas von »Heute wohl 'nen Clown gefrühstückt«. Aber irgendetwas war anders. Etwas fehlte. Ja, Katjas gewohnte Reaktion – ihre Empörung – blieb aus. Und damit hatte sie das Muster ausgehebelt.

Katja durchforstete das Internet nach noch mehr kuriosen Sprüchen. Sie amüsierte sich im Besonderen über verdrehte Sinnsprüche wie »Wir ziehen alle am selben Boot« oder »Strafe schützt vor Dummheit nicht«.

Wenn Ihnen jemand nur Leergut liefert, müssen Sie kein Pfand dafür geben.

Der Kollege merkte bald, dass Katja sich durch seine Witze nicht mehr provozieren ließ. Sie hörte ihm kaum noch zu. Wenn er das Wort »Blondine« in den Mund nahm, hielt sie ihm gleich etwas entgegen wie: »Was hängt denn im Urwald an den Bäumen? – Urlaub natürlich.« Katjas stärkste Kontra-Strategie war dann ihr eigenes Lachen.

Vielleicht könnte Ihnen auch eine humorvolle, alberne Kontra-Antwort guttun. Denn damit trainieren Sie Ihren »Leicht-Sinn«. Es ist nicht nötig, dass Sie sich das Hirn zermartern, um eine *passende* lustige Antwort zu finden. Ich biete Ihnen hier die »Allesschneider« an. Diese Antworten funktionieren wie ein universelles Schneidegerät, wie Sie es vielleicht aus der Küche kennen. Sie kriegen damit alles klein.

Die Allesschneider-Antworten sind so allgemein, dass sie fast immer funktionieren. Und einige sind sogar tiefsinnig. Andere sind nur albern. Mein Tipp: Suchen Sie sich ein bis zwei Antworten aus. Und freuen Sie sich auf die nächste Gelegenheit, um damit ein Angriffsmuster zu unterbrechen.

**Strategie:
Die Allesschneider**

Allesschneider sind Antworten, die alles kleinkriegen und fast immer passen, zum Beispiel in folgendem Fall:

Bissigkeit: »Der allgemeinen Meinung, du wärst ein geistiger Tiefflieger, kann ich nicht zustimmen.«

Die Allesschneider-Antworten:

- Ich weiß nicht genau, was du erreichen willst. Aber ich möchte mir mein Freudenprofil erhalten.
- Bring doch mal den Buchstaben i in dein Leben. Dann wird daraus: Lieben.
- Wie mein Opa immer sagte: »Wer spricht, was er will, der kriegt zu hören, was er nicht will.«
- Du hast in mir etwas angerührt, das stärker als ein Espresso ist.
- Dazu will ich nichts sagen, denn meine Gedanken schwimmen in einem Pool aus Adrenalin.
- Nur zu deiner Information: Ich bin nicht länger eine Marionette fremder Launen.
- Man kann nicht zweimal in denselben Fluss springen, weil sich das Wasser geändert hat.
- Wer kämpft, der sieht nicht. Wer sieht, der kämpft nicht.
- Danke. Jetzt kenne ich die wahre Bedeutung des Wortes »Selbstbeherrschung«.

Wenn Ihr Angreifer nachfragt, was das bedeutet, antworten Sie: »Denk mal darüber nach!« Etwas zu erklären oder zu entwirren – das ist im Moment nicht Ihr Job.

. . . .

Sprachlos sein und weiteratmen

Ja, nach all den vielen Jahren, in denen ich mich schon mit diesem Thema beschäftige, kann ich ohne Umschweife zugeben: Ich bin auch hin und wieder sprachlos. Dabei sind die Bemerkungen – ob unterschwellige oder direkte Bissigkeit –, die ich zu hören bekomme, meistens harmlos. Es sind Sätze wie: »Ey, merken Sie nicht, dass Sie im Weg stehen? Lassen Sie mich gefälligst mal durch.« Ich bleibe stumm, lasse den Typen durch und fühle mich leicht getroffen. Hätte ich irgendetwas sagen sollen?

Nach ein paar tiefen Atemzügen merke ich: Da ist nichts Schlimmes passiert. Worte, die eben noch durch die Luft schwebten, sind für immer verschwunden. Einen Augenblick lang tobt eine kleine Stresswelle durch meinen Körper. Gut, dass mir die Worte fehlten. Sprachlos zu sein ist manchmal die vernünftigere Art, mit solchen Situationen umzugehen. Ich übe das immer wieder. Das Geschehene einfach so stehenlassen. Keine Selbstzweifel bei mir. Keine Abneigung gegen den Typen – nur merken, dass es schon vorbei ist. Weiteratmen.

Und nachdem Sie selbst tief ein- und ausgeatmet haben, möchte ich Sie zu einer weiteren Trainingsrunde einladen. Jetzt geht es darum, dass Sie bei einer bissigen Bemerkung zu Wort kommen.

Übung:
**Trainieren Sie die Vielfalt –
Kontra geben zum Ausprobieren**

Ich biete Ihnen hier drei Bemerkungen, die indirekt bis direkt bissig sind. Und ich lade Sie ein, mit diesen Bemerkungen zu trainieren. Danach fällt es Ihnen leichter, das alles auch im Alltag anzuwenden. Und ganz nebenbei finden Sie so die Worte, die zu Ihnen passen.

Also, hier kommt die kleine Trainingsrunde. Nehmen Sie sich ein wenig Zeit, und gönnen Sie sich den Spaß.

Trainieren Sie das Wörtlichnehmen

Unterschwellige Bissigkeit? Nein, das wollen Sie nicht herausfiltern. Nehmen Sie die nachfolgende Bemerkung ganz wörtlich, als wäre sie ein Kompliment, und antworten Sie darauf:

Bemerkung: »Die gleiche Jacke habe ich gerade in die Altkleidersammlung gegeben. Ich finde das echt mutig von dir, dass du solche Jacken immer noch trägst.«

Ihre Art, diese Bemerkung wörtlich zu nehmen:

_____

_____

_____

_____

Trainieren Sie das Nachfragen

Nein, diese Bemerkung wollen Sie nicht verstehen. Dazu stellen Sie eine Frage. Fragen Sie – in Ihren eigenen Worten – was das bedeuten soll.

Bemerkung: »Für deine Verhältnisse leistest du gute Arbeit. Wenn du so viel Erfahrung hättest wie ich, könntest du noch schneller und gründlicher arbeiten.«

Ihre Art nachzufragen:

_____

_____

_____

_____

_____

Trainieren Sie die Allesschneider

Testen Sie die Antworten aus der Strategie Allesschneider. Antworten Sie mit einem Allesschneider, den Sie mögen:

Bemerkung: »Das bewundere ich an dir: Du hast keine Karriere gemacht und auch sonst nichts Großartiges erreicht, trotzdem bist du rundum zufrieden.«

Ihre persönliche Allesschneider-Antwort:

_____

_____

_____

_____

_____

Nutzen Sie Ihre Lizenz zum »Ach was?«

Üben Sie sich darin, noch weniger zu sagen. Antworten Sie auf die vorherigen drei Bissigkeiten mit einem nichtssagenden Kommentar. Dieser Kommentar kann aus nur einer, zwei oder mehreren Silben bestehen.

Bemerkung: »Die gleiche Jacke habe ich gerade in die Altkleidersammlung gegeben. Ich finde das echt mutig von dir, dass du solche Jacken immer noch trägst.«

Ihr ein-, zwei- oder mehrsilbiger Kommentar:

___

___

___

___

Bemerkung: »Für deine Verhältnisse leistest du gute Arbeit. Wenn du so viel Erfahrung hättest wie ich, könntest du noch schneller und gründlicher arbeiten.«

Ihr ein-, zwei- oder mehrsilbiger Kommentar:

___

___

___

___

___

Bemerkung: »Das bewundere ich an dir: Du hast keine Karriere gemacht und auch sonst nichts Großartiges erreicht, trotzdem bist du rundum zufrieden.«

Ihr ein-, zwei- oder mehrsilbiger Kommentar:

_____

_____

_____

_____

_____

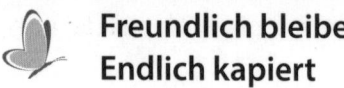
Freundlich bleiben: Endlich kapiert

Eigentlich arbeitete Ina gern mit ihrem neuen Chef zusammen. Aber es gab da eine Sache, die sie ärgerte. Es war diese eine Frage, die ihr der Chef immer wieder stellte. Er erklärte Ina etwas oder bat um die Erledigung eines Vorgangs, und am Ende kam von ihm jedes Mal die Frage: »Haben Sie das kapiert?«

Anfangs war Ina nur irritiert. Sie antwortete immer mit einem einfachen Ja. Aber nach einiger Zeit fühlte sie sich durch diese Frage herabgesetzt. Ina hatte den Verdacht, ihr Chef würde sie für begriffsstutzig halten. Sie erledigte alle Aufgaben sehr gut, ohne Verständnisprobleme. Nachdem der Chef sie wieder einmal gefragt hatte, ob sie alles kapiert hätte, sprach sie ihn darauf an. Sie sagte ihm ruhig und ganz sachlich, dass ihr diese wiederholten »Haben-Sie-das-kapiert?«-Fragen aufgefallen seien und dass sie sich dadurch abgewertet fühle. Bisher, so erklärte sie ihm, hätte sie alles prima verstanden, und falls das mal anders sein sollte, würde sie sofort von sich aus nachfragen.

Der Chef war erstaunt. Er betonte, dass er Ina keinesfalls abwerten wollte. Und er versprach ihr, nicht mehr in dieser Art nachzufragen.

Das kurze Gespräch lief viel besser, als Ina es erwartet hatte. Ihr fiel ein Stein vom Herzen. Aber ihre Erleichterung hielt nur kurz an. Schon am nächsten Tag bekam sie wieder die gleiche Frage zu hören: »Haben Sie das kapiert?« Beinah hätte sie empört geantwortet: »Nein, ich kapiere nicht, warum Sie mir schon wieder diese Frage stellen.« Ina lagen die Worte schon auf der Zunge, aber dann sah sie, dass ihr Chef bereits in seinen Unterlagen las. Da ging ihr ein Licht auf.

Der Chef erwartete überhaupt keine Antwort auf diese Frage. Sie war für ihn nur eine Redewendung, die er automatisch abspulte. So ähnlich, wie manche Menschen sich gegenseitig mit einem »Na, wie geht's?« begrüßen. Bei dieser Frage erwartet auch niemand einen ausführlichen Bericht über die Befindlichkeit des anderen. Der Chef benutzte die Frage »Haben Sie das kapiert?« wie einen abschließenden Satz, mit dem er eigentlich ausdrücken wollte: »Wenn Sie keine Fragen mehr haben, war das alles.«

Jetzt wusste Ina, wie sie diese unangenehme Redewendung umgehen konnte. Und tatsächlich, es funktionierte auf Anhieb. Noch bevor der Chef die Worte »Haben Sie das …?« aussprechen konnte, kam von ihr blitzschnell die Bestätigung: »Alles verstanden. Das geht klar.« Daraufhin nickte der Chef, und Ina war erleichtert.

Ja, jetzt hatte sie es kapiert.

Nachwort

Schwamm drüber!

Etwas, was ich zur Zeit sehr oft trainiere, ist die Fähigkeit, immer wieder neu anzufangen. Im Umgang mit anderen Menschen ist das meine Definition von Vergebung.

Für mich heißt Vergebung, ein belastetes Muster dort zu lassen, wo es entstanden ist: in der Vergangenheit. Das Gestern ist vorbei, vergangen. Heute fange ich neu an. Ich beginne neu – mit mir selbst und mit allen anderen Menschen. Ich übe mich darin, aus den Bissigkeiten von gestern keinen Fortsetzungsroman zu machen.

Vergebung ist für mich nicht ein Akt von Gnade oder Großzügigkeit. Es ist mehr eine Rückholaktion. Normalerweise investieren wir viel Kraft und die Aufmerksamkeit in unsere Konflikte. Wenn jemand uns unhöflich behandelt oder sich über uns lustig macht, speichern wir das in unserem Langzeitgedächtnis. Dort wird es immer wieder hervorgeholt, betrachtet und analysiert. Damit prägt sich dieses Erlebnis immer tiefer in unsere Seele ein. Es bleibt an uns haften und belastet uns, auch wenn die eigentliche Verletzung schon lange vorbei ist. Unsere Kraft und unsere

Aufmerksamkeit kleben an dem Widersacher. Wegen dem, was dieser Mensch getan oder gesagt hat, sind wir immer noch empört. Wir können uns auch noch Wochen oder sogar Jahre später darüber ärgern. Weil ein Teil unserer wertvollen Lebensenergie an diesen alten Groll gebunden ist, fühlen wir uns gekränkt und geschwächt. Wir schleppen die Qualen von damals durch unsere Gegenwart. Wer viel alten Groll mit sich herumträgt, der hat wenig Energie für das, was jetzt dran ist. Wir bekommen unsere Energie erst zurück, wenn wir einen Weg finden zu vergeben.

Die Vergebung macht das Geschehene nicht ungeschehen. Was früher passiert ist, wird nicht verleugnet oder verdrängt. Das Geschehene bekommt seinen Platz in unserem Leben. Was passiert ist, ist passiert. Aber jetzt ist das, was früher geschah, erledigt und vorbei. Nun können wir unsere Energie aus den Geschichten von damals herausziehen. Das ist die Rückholaktion: Indem wir vergeben, kommen wir wieder zu Kräften. Die alte Wunde kann heilen. Und wir können unsere Gegenwart unbeschwert genießen.

Wenn Sie Ihren alten Gegnern, Ihren Kampfgefährten von damals, vergeben können, merken Sie, dass Sie leichter werden. Die alten Sticheleien, die durchlebten Dramen – all das müssen Sie nicht mehr in Gedanken durchkauen. Jetzt ist der Weg frei, um einen Neustart zu wagen.

Schauen Sie sich selbst und Ihre Mitmenschen an wie am ersten Tag der Schöpfung. Hören Sie Ihren Leuten zu, als würden Sie sie zum ersten Mal treffen. Und entdecken Sie etwas Neues an ihnen. Und entdecken Sie auch etwas Neues an sich selbst.

Dabei wünsche ich Ihnen alles Gute!

Ihre Barbara Berckhan

Anhang

Der Rettungsring in Ihrer Tasche

Auch wenn alle Tipps und Strategien in diesem Buch sehr leicht anzuwenden sind, es kann Ihnen trotzdem passieren: Jemand wirft Ihnen eine seltsame Bemerkung an den Kopf, und Sie stehen sprachlos da wie ein begossener Pudel. Vielleicht wünschen Sie sich für solche Situationen eine Art Rettungsring. Irgendetwas, das Ihnen hilft, zu guter Letzt doch noch eine Antwort zu finden. Die beste Methode besteht darin, dass Sie sich in einer ruhigen Minute Ihre Lieblingsantworten heraussuchen. Schreiben Sie sich die Kontra-Antworten auf, die Ihnen am meisten Freude bereiten und die zu Ihnen passen. Die nachfolgende Zusammenfassung der Kontra-Strategien hilft Ihnen dabei.

Sie können sich die Antworten auf einem Zettel oder einer Karteikarte notieren. Diese ausgesuchten Antworten legen Sie beispielsweise in Ihren Terminkalender, in Ihre Geldbörse oder Ihre Brieftasche. Oder speichern Sie sie in Ihren mobilen Geräten (Smartphone und so weiter). Sie basteln sich damit eine Art Spickzettel. Ja, hier ist das Schummeln erlaubt. Solange die Kontra-Antworten noch nicht wie von selbst aus Ihrem Mund kommen, dürfen Sie die neuen »Vokabeln« ablesen. Und machen Sie sich keine Sorgen darüber, was Ihr Gegenüber wohl über Sie denkt, wenn Sie in Ihre Geldbörse schauen, bevor Sie antworten. Nein, Sie haben kein Imageproblem. Das Imageproblem hat derjenige, der Ihnen gerade eine herabsetzende Bemerkung vor die Füße geworfen hat. Sie hingegen betreiben eine gut organisierte Deeskalation.

Das Notieren Ihrer Lieblingsantworten hat gleich zwei positive Nebenwirkungen. Erstens: Indem Sie die Kontra-Antworten aufschreiben, lernen Sie sie ganz nebenbei auswendig. Die Worte, die Sie eigenhändig schreiben, verinnerlichen Sie viel mehr als die Worte, die Sie nur gelesen haben. Womöglich reicht das schon. Vielleicht kommt Ihr Spickzettel nie zum Einsatz, aber es ist trotzdem beruhigend, dass Sie ihn in der Tasche haben.

Zweitens: Da Sie jetzt gewappnet sind, bekommen Sie viel seltener eine schräge Bemerkung zu hören. Ihre Mitmenschen merken mehr oder minder unbewusst, dass Sie sich wehren können. Sie wirken wie jemand, der viele Kontra-Antworten auf Lager hat, die er gern mal laut aussprechen würde. In diesem gewappneten Zustand strahlen Sie Stärke aus. Und das wirkt abschreckend auf fast jeden potenziellen Sprücheklopfer.

Obwohl Sie gut vorbereitet sind, vergessen Sie nie, dass es völlig okay ist, so zu antworten, wie es Ihnen guttut. Das kann auch bedeuten, dass Sie sich viel Zeit lassen, bevor Sie etwas sagen. Es gibt weltweit kein Gesetz, das von Ihnen verlangt, Sie müssten wie aus der Pistole geschossen antworten. Sie dürfen nachdenken und in Ihrem Tempo reagieren. Es wäre auch eine gute Kontra-Antwort, wenn

Sie die ganze Sache vertagten: »Ich antworte dir am Montag in drei Wochen, nachmittags so gegen halb drei.« Ja, dann kommt Ihr »Ach was?« eben erst viel später. Kein Problem. Sie reagieren so, wie es für Sie passend und richtig ist.

Alle Kontra-Strategien übersichtlich zusammengefasst

Es gibt Situationen, da brauchen Sie schnell eine Kontra-Antwort. Und Sie wollen deshalb nicht das ganze Buch durchblättern. Deshalb finden Sie hier alle Strategien noch einmal – pur und ohne weitere Erklärungen.

**Die Strategien, mit denen Sie
für mehr Verständigung sorgen**

 **Strategie:
Ruhe bewahren**

- Sie hören eine unfreundliche, herabsetzende Bemerkung. Sie spüren, dass Sie sich davon getroffen fühlen. Langsam steigt Ihr innerer Stresspegel. Stoppen Sie sich. Atmen Sie tief durch.
- Spüren Sie die Energie, die von Ihrem Gegenüber ausgeht? Treten Sie innerlich einen Schritt zurück. Erlauben Sie sich, nur zu fühlen.
- Sie müssen nicht sofort dagegenschießen. Lassen Sie den anderen ausreden.
- Lassen Sie zu, dass es still wird. Atmen Sie noch einmal tief durch. Und jetzt überlegen Sie, worum es hier geht. Was will Ihr Gegenüber Ihnen sagen? Und wie können Sie mühelos und undramatisch darauf antworten?

**Strategie:
Sag mir, wie du das gemeint hast**

Statt auf eine unterschwellige Bissigkeit zu antworten, fragen Sie nach, was der andere Ihnen eigentlich sagen will.

Unterschwellige Bissigkeit: »Gut siehst du aus! Und dabei bist du immer so authentisch. Man sieht deutlich, dass du mit dem Thema Fettverbrennung nichts am Hut hast.«

Fragen Sie nach, um das Unterschwellige aufzudecken:

- Warum sagst du mir das?
- Was möchtest du bei mir erreichen?
- Verstehe ich nicht. Was willst du mir damit sagen?
- Vielleicht habe ich mich verhört. Willst du mich angreifen? Oder soll das ein Kompliment sein?
- Interessant. Ich verstehe nur nicht, was *du* damit zu tun hast. Weshalb erzählst du mir das?
- Gibt es etwas, was du mir sagen willst?

**Strategie:
Störendes ansprechen, ohne zu verletzen**

Hinter jedem Ärger und jeder Enttäuschung steckt ein Wunsch, der nicht erfüllt wurde.

Sagen Sie direkt, wie Sie sich fühlen und was Sie sich vom anderen wünschen:

1. Beschreiben Sie das, was Sie stört – ohne verletzend zu sein. Verzichten Sie auf Vorwürfe oder Schuldzuweisungen:
   - Ich habe gemerkt, dass du … *(beschreiben Sie das, was Sie stört)*.
   - In der letzten Zeit habe ich gesehen, wie du …
   - Mir fällt auf …
   - Ich merke …

2. Sagen Sie, was Sie dabei fühlen oder wie es Ihnen dabei geht.
   - Ich bin … (enttäuscht, verärgert, angefressen, sauer, wütend und so weiter).
   - Bei mir führt das dazu, dass ich …
   - Ich fühle mich deswegen …

3. Formulieren Sie eine klare Bitte oder einen Wunsch. Verzichten Sie auf Kommandos, Vorschriften oder Drohungen.
   - Meine Bitte an dich lautet: …
   - Ich wünsche mir …
   - Für mich ist es wichtig, dass …

- Könntest du bitte …
- Ich habe einen Vorschlag, und zwar …

Alle drei Sätze zusammen können dann so oder ähnlich klingen:

»Mir ist aufgefallen, dass du gestern Geld aus meinem Portemonnaie genommen hast, ohne mich zu fragen. Das mag ich nicht, und darüber ärgere ich mich. Ich möchte, dass du mich vorher fragst.«

**Strategie:
Die Körpersprache hinterfragen**

Ihr Gegenüber zeigt Ihnen eine irritierende, vielleicht sogar verächtliche Körpersprache. Fragen Sie nach, was das zu bedeuten hat. Bleiben Sie dabei sachlich, und verwenden Sie neutrale Worte.

Empfehlenswert sind zwei Sätze – das Ansprechen der Mimik oder Gestik im ersten Satz, im zweiten Satz fügen Sie eine Frage hinzu –:

- Ich sehe, du ziehst die Mundwinkel nach unten. Gibt es etwas, was dich stört?
- Du verdrehst die Augen. Bist du anderer Meinung?
- Du schüttelst den Kopf. Was denkst du darüber?
- Sie zucken mit den Schultern. Was bedeutet das?

Bleiben Sie aufmerksam, und hören Sie gut zu, was Ihr Gesprächspartner Ihnen zu sagen hat. Seien Sie dabei geduldig. Es kann gut sein, dass der Betreffende einen kleinen Anlauf braucht, um die passenden Worte zu finden.

**Strategie:
Die fünf wichtigsten Tipps,
mit denen Sie Ihre Vortragsweise verbessern**

1. *Kommen Sie auf den Punkt!* Sagen Sie in kurzen Sätzen, worum es geht. Zeigen Sie, dass Sie einen Ablaufplan, eine Struktur haben, nach dem/der Sie vorgehen.
2. *Sprechen Sie langsam und mit Betonung!* Sorgen Sie dafür, dass Ihre Worte wirklich gehört werden. Nicht den Text »runterrasseln«, sondern deutlich und mit genügend Pausen sprechen.
3. *Kein Fachchinesisch!* Benutzen Sie Worte, die Ihr Gegenüber versteht. Finden Sie für jeden Fachbegriff und für jedes Fremdwort ein passendes Wort aus der Umgangssprache.
4. *Keine Monologe!* Geben Sie Ihrem Gegenüber die nötige »Sendezeit«. Erst wenn der andere redet, können Sie überprüfen, ob der Betreffende Sie verstanden hat.
5. *Seien Sie offen für Kritik:* Lassen Sie sich von Ihren Zuhörern, Ihren Kunden oder Gesprächspartnern sagen, wie Sie Ihre Informationen, Ihre Beratung oder Ihren Service noch einleuchtender rüberbringen können.

**Die witzigen Strategien,
mit denen Sie Kontra geben**

Strategie:
Kontra geben mit zwei Silben

Die traditionellen zweisilbigen Kommentare:
- Ach was?
- Aha.
- Nanu?
- So, so.
- Oje.
- Potzblitz!

Hier die Zwei-Silben-Variante für Youngster und Trendsetter:
- Okidoki
- Al-ter!
- Voll stark
- Oh, Mann!
- Boah-ey!
- Menno
- Ooooo-kay
- Sieh an
- Och nö!
- Voll krass
- To-tal
- Na und?
- Ach nee?
- Sach bloß

Und für alle, die noch weniger sagen wollen, kommen hier die einsilbigen Antworten:
- Ach!
- Ups!
- Tja!
- Uff!
- Puh!

Falls Sie doch mehr sagen möchten, hier einige mehrsilbige Antworten:
- Alles kann, nichts muss.
- Na, so was!
- Gibt's ja gar nicht!
- Wie dem auch sei.
- Alles ist gut.

Strategie:
Das Thema wechseln –
»Dabei fällt mir was ganz anderes ein«

Ihr Gegenüber sagt etwas, was Sie herabsetzt und mit dem Sie nichts anfangen können, etwa: »Wenn ich dich einen Tag lang nicht sehe, ist das wie ein Monat Urlaub.« Sie wechseln das Thema mit einigen Einleitungsworten, zum Beispiel:

- Da fällt mir ein … (und jetzt kommt Ihr Lieblingsthema).
- Mir geht gerade Folgendes durch den Kopf …
- Ich komm da gerade auf ganz andere Gedanken, und zwar …
- Jetzt, wo du das sagst, fällt mir ein …
- Vergiss nicht, was du sagen wolltest, aber mir kommt da gerade eine Idee …

Ohne Pause lassen Sie jetzt ein paar Ihrer Lieblingsgedanken vom Stapel. Besonders empfehlenswert sind alle Themen, bei denen Sie sich gut fühlen und über die Sie lange, lange reden können.

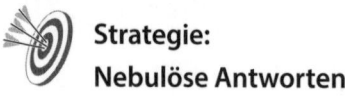 **Strategie:
Nebulöse Antworten**

Bei dieser Strategie hört es sich so an, als würden Sie die Frage beantworten. Tun Sie aber nicht. Das ist die neblige Form des Durchwinkens.

Frage: »Du bist also Vegetarier. Das soll ja impotent machen. Ist das deiner Frau völlig egal?«

Hier ein paar neblige Antworten, mit denen Sie nichts sagen:

- Wüsste ich auch gern.
- Tja! Das ist die Frage aller Fragen. Das ist noch nicht entschieden.
- Man darf nichts erzwingen.
- Ich bin beschäftigt.
- Das wird sich irgendwann von selbst klären.
- Du kennst die Antwort.
- Darüber werde ich nachdenken. Ich gebe dir Bescheid.
- Schaun wir mal.

**Strategie:
Die schnelle Abgrenzung**

Hier kommt die Strategie, mit der Sie sich schnell abgrenzen. Denn Sie können die Einmischung ablehnen, ohne viele Worte zu machen. Mein Tipp an dieser Stelle: Fangen Sie keine Diskussion an. Rechtfertigen Sie sich nicht. Nur kurz antworten, und das war's.

Jemand sagt zu Ihnen beispielsweise: »Wie siehst du denn aus? Du kannst doch nicht eine grüne Streifenhose mit einem rosa Pullover kombinieren.«

Die Kontra-Antworten sind kurz, eindeutig, aber nicht verletzend:

- Ich bin so froh, dass das meine Sache ist.
- Du siehst das so. Ich sehe das anders.
- Das mache ich, wie ich will.
- Da sind wir verschiedener Meinung.
- Ich hab da meinen eigenen Kopf.
- Danke, dass du mir das gesagt hast. Ich bleibe bei dem, was ich will.

**Strategie:
Der diplomatische Dreisatz**

Sprechen Sie die drei Sätze in einem ruhigen Tonfall. Und zeigen Sie sich dabei von Ihrer selbstsicheren Seite. Sie weisen die Einmischung ab, ohne den anderen zu verletzen.

1. Satz: Positive Unterstellung.
   - Ich gehe davon aus, dass du mir helfen willst.
   - Wahrscheinlich versuchst du, das Beste zu tun.
   - Dir ist es wichtig, dass ich das Richtige tue.
   - Sie möchten mir helfen.

2. Satz: Klare Abgrenzung.
   - Dabei ist das meine Sache. Du kannst dir sicher sein, dass ich das regeln kann.
   - Und das ist meine Angelegenheit. Ich werde das tun, was ich für richtig halte.
   - Das ist allein meine Aufgabe. Ich entscheide das.

3. Satz: Wertschätzung oder Dankeschön.
   - Trotzdem: Danke, dass du dir darüber Gedanken gemacht hast.
   - Dennoch: Ich weiß es zu schätzen, dass du mir helfen willst.
   - Danke für deine Tipps.

So bringen Sie die drei Sätze zusammen:

1. Dir ist es wichtig, dass ich das Richtige tue *(positive Unterstellung)*.
2. Und das ist meine Angelegenheit. Ich entscheide, was für mich gut und richtig ist *(klare Abgrenzung)*.
3. Dennoch: Ich weiß es zu schätzen, dass du mir helfen willst *(Wertschätzung)*.

. . . .

**Strategie:
Sag mir alles und noch mehr**

Bei dieser Strategie lenken Sie Ihren Einmischer, indem Sie um die ganze Ladung bitten.

> *Die missbilligende Einmischung:* »Wie siehst du denn aus? Du kannst doch nicht eine grüne Streifenhose mit einem rosa Pullover kombinieren.«

Ihre möglichen Reaktionen:

- Erzähl mir mehr davon. Was passt dir an meiner Kleidung nicht? Halt dich nicht zurück.
- Da gibt es doch noch mehr, was du mir sagen willst. Lass alles raus.
- Interessant. Immer raus mit der Sprache. Sag mir, was du auf dem Herzen hast.
- Sag mir noch mehr. Rede weiter.
- Ich brenne darauf, noch mehr davon zu hören.

Und falls Sie gerade Ihre fiesen fünf Minuten haben (und doch gegen das piepsende Küken boxen wollen), können Sie die Strategie mit einem Samaritersatz beenden. Solch ein Schlusssatz klingt ungefähr so:

- Geht es dir jetzt besser?
- Hat dir die Aussprache geholfen?
- Wenn es dir hilft, geb ich dir gern recht.
- So, jetzt ist alles raus, und du kannst dich erholen. Prima!

**Strategie:
Abwertende Gesten positiv umdeuten**

Stellen Sie sich vor, während Sie reden, macht Ihr Gesprächspartner eine abwertende Geste, wie sich symbolisch die Kugel zu geben oder übertrieben zu gähnen. Sie reagieren darauf, indem Sie die Signale absichtlich falsch verstehen und positiv bewerten. Und weil Sie das motiviert, reden Sie gleich noch mehr:

- Ja, da kommt Leben auf! Einige können ihre Hände und Köpfe nicht mehr still halten. Das ist ein gutes Zeichen. Ich möchte diese Lebendigkeit nutzen und noch zwei Anmerkungen machen. Mir geht es darum, dass wir in Zukunft …
- Deine Körpersprache signalisiert mir, dass meine Argumente bei dir gut ankommen. Deshalb möchte ich das Ganze noch weiter ausführen. Ein weiteres Argument lautet …
- Oh, ich sehe bei einigen von euch ein reges Interesse an dem, was ich sage. Weil ihr so interessiert seid, möchte ich mehr dazu sagen. Hintergrund meiner Überlegungen ist …
- Was für eine interessante Geste! Das zeigt mir, wie wichtig meine Worte sind. Deshalb möchte ich meine drei wichtigsten Argumente noch einmal zusammenfassen: …
- Deine Geste sagt mir: Erzähl noch mehr! Genau das mache ich jetzt. Ich fange mit einem wichtigen Punkt an, und zwar …

Strategie:
Das wortlose »Ach was?«

Stellen Sie sich vor, jemand macht Ihnen gegenüber mit der flachen Hand vor der Stirn den »Scheibenwischer«. Eine Geste, die Ihnen bedeuten soll: »Du bist ja völlig plemplem.«

Nehmen Sie das Ganze auf die leichte Schulter, und antworten Sie darauf mit einem nonverbalen »Ach was?«. Machen Sie mit, und gönnen Sie sich die Erfahrung. Bringen Sie Ihren Körper in Bewegung, und probieren Sie die folgenden Signale vorher selbst aus. Doch auch wenn es amüsant ist – eine einzige »Ach-was?«-Geste ist im »Ernstfall« völlig ausreichend.

Und so kann es aussehen, das »Ach was?« nur mit Ihrer Körpersprache:

- *Winke, winke!* Sie nehmen eine Hand hoch und machen eine Winkbewegung mit den Fingern.
- *Namaste!* Sie legen vor Ihrer Brust beide Innenhandflächen aneinander und verneigen sich leicht.
- *Pfff …!* Sie atmen tief ein und ganz bewusst langsam aus.
- *Schluchz!* Sie knicken den Zeigefinger ein wenig und reiben damit – nur angedeutet – in einem Auge, während Sie ein trauriges Gesicht machen.
- *Schönen Tach noch!* Sie nehmen die flache Hand und machen damit Grußwinken an der Seite Ihrer Stirn, so ähnlich, wie ein Mensch in Uniform grüßen würde.
- *Tadamm!* Sie halten die Arme eng am Körper, heben die Unterarme und öffnen gleichzeitig beide Handflächen nach oben. So als hätten Sie gerade einen Zaubertrick vollendet.

**Strategie:
Das Bellen des Bandwurms**

In einem Gespräch mit Ihnen macht Ihr Gegenüber die Finger-in-den-Hals-Würggebärde. Sie kontern mit Worten, zum Beispiel so:

- Suchst du nach deinem Passwort?
- Immer raus damit. Und dann ein Neustart.
- Sieht ja gut aus! Kannst du dazu auch lustige Klingeltöne machen?
- Hauptsache, es macht Spaß und bringt dich weiter.
- Das kenn ich. Das immer so, wenn der Bandwurm bellt.
- Komm schon, streng dich an. Das kannst du noch besser.
- Nein, tut mir leid. Ich hab kein sexuelles Interesse an dir.

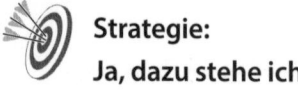

Strategie:
Ja, dazu stehe ich

Statt das Schlechtmachen und die negativen Unterstellungen abzuwehren, reagieren Sie unerwartet. Sie machen das Schlechte zu einer Siegertrophäe. Ja, dafür haben Sie sogar extra geübt. Und am Ende behaupten Sie ganz optimistisch, dass Ihr Gegenüber sich auch in diese Richtung entwickeln könnte. Die Siegertrophäe, die Sie dabei hochhalten können, besteht aus drei Aussagen:

1. Sie sagen ja zu der angeblich negativen Eigenschaft.
2. Sie betonen, dass Sie das extra geübt/trainiert/sich angewöhnt haben.
3. Das Gleiche empfehlen Sie auch Ihrem Gegenüber.

Hier einige praktische Beispiele:

- *Angriff:* »Weißt du, was dein Problem ist? Du hast überhaupt keinen Ehrgeiz. Du bist richtig faul.« *Kontra-Antwort:* »Gut, dass du das gemerkt hast. Ich habe lange gebraucht, um vom Ehrgeiz wegzukommen. Das kannst du auch schaffen.«
- *Angriff:* »Ich verstehe überhaupt nicht, wie du dermaßen schlampig sein kannst.« *Kontra-Antwort:* »Gut erkannt! Das hab ich sehr lange geübt. Ich kann dir zeigen, wie das geht.«
- *Angriff:* »Keiner mag dich. Ich weiß nicht, wie du damit leben kannst.« *Kontra-Antwort:* »Früher hat mir das was ausgemacht. Aber ich habe mich geändert. Mittlerweile

geht es mir richtig gut damit. Das wäre doch auch was für dich!«

- *Angriff:* »Hör doch mal auf, einen Narren aus dir zu machen. Du wirkst total lächerlich.« *Kontra-Antwort:* »Ja, ist das nicht toll?! Ich habe lange gebraucht, um mich in diese Richtung zu entwickeln. Mit ein wenig Training kannst du auch lächerlich wirken.«

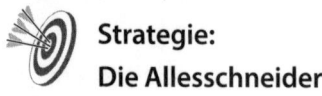 **Strategie:
Die Allesschneider**

Allesschneider sind Antworten, die alles kleinkriegen und fast immer passen, zum Beispiel in folgendem Fall:

Bissigkeit: »Der allgemeinen Meinung, du wärst ein geistiger Tiefflieger, kann ich nicht zustimmen.«

Die Allesschneider-Antworten:

- Ich weiß nicht genau, was du erreichen willst. Aber ich möchte mir mein Freudenprofil erhalten.
- Bring doch mal den Buchstaben i in dein Leben. Dann wird daraus: Lieben.
- Wie mein Opa immer sagte: »Wer spricht, was er will, der kriegt zu hören, was er nicht will.«
- Du hast in mir etwas angerührt, das stärker als ein Espresso ist.
- Dazu will ich nichts sagen, denn meine Gedanken schwimmen in einem Pool aus Adrenalin.
- Nur zu deiner Information: Ich bin nicht länger eine Marionette fremder Launen.
- Man kann nicht zweimal in denselben Fluss springen, weil sich das Wasser geändert hat.
- Wer kämpft, der sieht nicht. Wer sieht, der kämpft nicht.
- Danke. Jetzt kenne ich die wahre Bedeutung des Wortes »Selbstbeherrschung«.

Empfehlenswerte Literatur

Ezra Bayda: Zen-Leben. Und täglich grüßt das Murmeltier. Goldmann Verlag, München 2005

Barbara Berckhan: Wahre Stärke muss nicht kämpfen. Überraschend einfache Wege für mehr Kraft und Souveränität. Gräfe und Unzer Verlag, München, 2. Aufl. 2016

Barbara Berckhan: Das dicke Fell. Wie Sie sich vor Frustfallen und Nervensägen schützen. Kösel-Verlag, München 2014

Barbara Berckhan: Wie Sie anderen den Stachel ziehen, ohne sich zu stechen. Mit schwierigen Menschen gut auskommen. Gräfe und Unzer Verlag, München 2012

Barbara Berckhan: Leicht und locker kommunizieren. So finden Sie eine gemeinsame Wellenlänge. Kösel-Verlag, München 2011

Barbara Berckhan: Jetzt reicht's mir! Wie Sie Kritik austeilen und einstecken können. Kösel-Verlag, München 2009

Barbara Berckhan: Judo mit Worten. Wie Sie gelassen Kontra geben. Kösel-Verlag, München, 9. Aufl. 2016

Barbara Berckhan: Sanfte Selbstbehauptung. Die 5 besten Strategien, sich souverän durchzusetzen. Goldmann Verlag, München, 8. Aufl. 2016

Barbara Berckhan: So bin ich unverwundbar. Sechs Strategien, souverän mit Ärger und Kritik umzugehen. Heyne Verlag, München, 6. Aufl. 2004

Barbara Berckhan: Die etwas intelligentere Art, sich gegen dumme Sprüche zu wehren. Selbstverteidigung mit Worten. Heyne Verlag, München 2001

Barbara Berckhan: Die etwas gelassenere Art, sich durchzusetzen. Ein Selbstbehauptungstraining für Frauen. Heyne Verlag, München, 8. Aufl. 2003

Katie Byron und Michael Katz: Ich brauche deine Liebe – stimmt das? Liebe finden, ohne danach zu suchen. Goldmann Verlag, München 2005

Pema Chödrön: Beginne, wo du bist. Eine Anleitung zum mitfühlenden Leben. Aurum Verlag, Bielefeld 2003

Pema Chödrön: Den Sprung wagen. Wie wir uns von destruktiven Gewohnheiten und Ängsten befreien. Goldmann Verlag, München, 3. Aufl. 2013

Elisha Goldstein: Der Jetzt-Effekt. Sich mit dem gegenwärtigen Moment verbinden und das Leben verwandeln. Arbor Verlag, Freiburg im Breisgau 2014

Zensho W. Kopp: ZEN-Worte der blitzartigen Erleuchtung. Mit umfangreicher Koan- und Mondosammlung. Schirner Verlag, Darmstadt, 2. Aufl. 2011

Florian Markowetz und Uschi Schlosser-Nathusius (Hrsg.): Kampfkunst als Lebensweg. Werner Kristkeitz Verlag, Heidelberg 2004

Bernhard Pörksen und Friedemann Schulz von Thun: Kommunikation als Lebenskunst. Philosophie und Praxis des Miteinander-Redens. Carl-Auer Verlag, Heidelberg 2014

Georg Schrott: Ohne Schwert und ohne Dogma. Innere Lernprozesse auf dem Weg des Aikidō. BoD Books on Demand, Norderstedt 2015

Friedemann Schulz von Thun (Hrsg.): Klarkommen mit sich selbst und anderen: Kommunikation und soziale Kompetenz. Reden, Aufsätze, Dialoge. Rowohlt Taschenbuch Verlag, Reinbek bei Hamburg 2004

Thich Nhat Hanh: Im Hier und Jetzt zuhause sein. Herder Verlag, Freiburg im Breisgau, 3. Aufl. 2013

Margaret Wehrenberg: Die 10 besten Strategien gegen Angst und Panik. Wie das Gehirn uns Stress macht und was wir dagegen tun können. Beltz Verlag, Weinheim, 4. Aufl. 2015

Webseite der Autorin:
www.barbara-berckhan.de

Verbale Selbstverteidigung

Die bekannte Kommunikationstrainerin Barbara Berckhan zeigt in ihrem Bestseller, wie Sie sich mit pfiffigen Strategien gegen Respektlosigkeit wehren und gelassen und souverän auf verbale Angriffe reagieren.

 Kösel

www.koesel.de

Klare Worte dürfen sein

Oft ärgern wir uns und schimpfen, ohne etwas zu ändern. Oder wir schlucken unseren Unmut einfach runter. Barbara Berckhan zeigt, dass wir nicht jede Kröte schlucken müssen. Wir können anderen sagen, was uns stört – ohne sie dabei zu verletzen.

www.koesel.de

Clever die Nerven bewahren

Peinlichkeiten, Unverschämtheit und Zumutungen – dagegen hilft nur ein dickes Fell. Barbara Berckhan präsentiert verblüffend einfache Schutzschilde, mit denen wir uns wappnen können, um auch in unangenehmen Situationen stark und gelassen zu bleiben.

www.koesel.de